essentials

essentials liefern aktuelles Wissen in konzentrierter Form. Die Essenz dessen, worauf es als „State-of-the-Art" in der gegenwärtigen Fachdiskussion oder in der Praxis ankommt. *essentials* informieren schnell, unkompliziert und verständlich

- als Einführung in ein aktuelles Thema aus Ihrem Fachgebiet
- als Einstieg in ein für Sie noch unbekanntes Themenfeld
- als Einblick, um zum Thema mitreden zu können

Die Bücher in elektronischer und gedruckter Form bringen das Expertenwissen von Springer-Fachautoren kompakt zur Darstellung. Sie sind besonders für die Nutzung als eBook auf Tablet-PCs, eBook-Readern und Smartphones geeignet. *essentials:* Wissensbausteine aus den Wirtschafts-, Sozial- und Geisteswissenschaften, aus Technik und Naturwissenschaften sowie aus Medizin, Psychologie und Gesundheitsberufen. Von renommierten Autoren aller Springer-Verlagsmarken.

Weitere Bände in der Reihe http://www.springer.com/series/13088

Inge Hanschke

Informationssicherheit und Datenschutz systematisch und nachhaltig gestalten

Eine kompakte Einführung in die Praxis

2., korrigierte Auflage

Inge Hanschke
München, Deutschland

ISSN 2197-6708   ISSN 2197-6716   (electronic)
essentials
ISBN 978-3-658-28698-9   ISBN 978-3-658-28699-6   (eBook)
https://doi.org/10.1007/978-3-658-28699-6

Die Deutsche Nationalbibliothek verzeichnet diese Publikation in der Deutschen Nationalbiblio-
grafie; detaillierte bibliografische Daten sind im Internet über http://dnb.d-nb.de abrufbar.

Springer Vieweg ist ein Imprint der eingetragenen Gesellschaft Springer Fachmedien Wiesbaden
GmbH und ist ein Teil von Springer Nature.
Die Anschrift der Gesellschaft ist: Abraham-Lincoln-Str. 46, 65189 Wiesbaden, Germany

Was Sie in diesem *essential* finden können

- Begriffsdefinitionen aus dem Kontext Informationssicherheit und Datenschutz
- Herausforderungen von Informationssicherheit und Datenschutz
- Bestandteile und Leitfaden für den Aufbau und Betrieb eines integrierten Managementsystems für Informationssicherheit und Datenschutz

Inhaltsverzeichnis

Einleitung 1

*Wer die Freiheit aufgibt, um Sicherheit zu gewinnen, wird
am Ende beides verlieren.*

Benjamin Franklin

1.1 Introduction

Das Leben im 21. Jahrhundert ist von der Durchdringung von Informations- und Kommunikationstechnik in allen Lebensbereichen geprägt. Kaum ein Geschäftsprozess kommt mehr ohne IT-Unterstützung aus. Mit zunehmender Digitalisierung nimmt die horizontale und vertikale Vernetzung immer weiter zu. Die hohe Durchdringung erhöht gleichzeitig die Abhängigkeit und die Anfälligkeit für die kontinuierlich zunehmenden Sicherheitsbedrohungen, zum Beispiel im Kontext von Cyber-Security.

Nicht verfügbare Systeme, Datenpannen, manipulierte, missbräuchlich verwendete, mutwillig zerstörte oder kompromittierte Daten können für Unternehmen zu ernsthaften rechtlichen oder wirtschaftlichen Konsequenzen führen. Beispiele sind Massen-E-Mails mit Viren oder eine Datenpanne, bei der im Unternehmen gespeicherte Daten an die Öffentlichkeit gelangen. Ein weiteres Beispiel ist die Unterbrechung in einer Lieferkette in einer Just-in-time (JIT) Fertigung, aufgrund eines Systemabsturzes, der zu einem Produktionsstillstand führt, da wesentliche Rohstoffe oder Teile nicht angefordert werden und damit fehlen.

Informationssicherheit und Datenschutz sind daher unerlässlich, um sowohl personenbezogene Daten als auch Geschäfts- und Unternehmensgeheimnisse zu schützen und einen zuverlässigen Geschäftsbetrieb zu gewährleisten.

© Springer Fachmedien Wiesbaden GmbH, ein Teil von Springer Nature 2020
I. Hanschke, *Informationssicherheit und Datenschutz systematisch und
nachhaltig gestalten*, essentials, https://doi.org/10.1007/978-3-658-28699-6_1

▶ Die **Informationssicherheit** zielt auf den angemessenen Schutz von Informationen und IT-Systemen insbesondere in Bezug auf alle festgelegten Schutzziele, wie Vertraulichkeit, Integrität und Verfügbarkeit, ab. So soll insbesondere ein unbefugter Zugriff oder Manipulation von Daten verhindert und soweit möglich vorgebeugt werden, um daraus resultierende wirtschaftliche Schäden zu verhindern. Bei den Daten ist es unerheblich, ob diese einen Personenbezug haben oder nicht. Informationen können sowohl auf Papier oder in IT-Systemen vorliegen.

▶ **IT-Sicherheit** adressiert als Teilbereich der Informationssicherheit den Schutz elektronisch gespeicherter Informationen und deren Verarbeitung inklusive Funktionssicherheit, also das fehlerfreie Funktionieren und die Zuverlässigkeit der IT-Systeme. Hier müssen auch Systeme einbezogen werden, die häufig nicht unmittelbar als IT-Systeme wahrgenommen werden, wie Steuerungs- (ICS) oder IoT-Systeme. Die IT-Sicherheit ist also Bestandteil der Informationssicherheit. Das Aktionsfeld der klassischen IT-Sicherheit wird bei der Cyber-Sicherheit auf den gesamten Cyber-Raum ausgeweitet.

▶ Unter **Datenschutz** wird primär der Schutz personenbezogener Daten vor missbräuchlicher Verwendung und Datenverarbeitung verstanden, um das Recht des Einzelnen auf informationelle Selbstbestimmung zu stärken.

Externe Vorgaben erzwingen durch Gesetze, Regulatoren und Normen angemessene Sicherheitsmaßnahmen. Vorstände und Geschäftsführer haften persönlich für Versäumnisse und mangelnde Risikovorsorge. Durch die geänderte Gesetzeslage fallen zudem hohe Bußgelder bei Datenpannen im Kontext der EU-DSGVO an.

Es stellt sich also nicht die Frage, ob man Informationssicherheit und Datenschutz in seinem Unternehmen adressiert, sondern nur wann und in welchem Umfang. Für letzteres stellt sich die Frage: Wann ist man hinreichend sicher? Hierauf gibt es eine einfache Antwort: Systeme sind hinreichend sicher, wenn der Aufwand eines Angreifers dessen Nutzen erheblich übersteigt. Widerstandsfähige Systeme überstehen absichtliche Angriffe ohne inakzeptablen Schaden für das Unternehmen.

Schutz ist kein Selbstzweck, sondern es ist so viel Schutz notwendig, um einen kontinuierlichen Geschäftsbetrieb, Reputationserhalt, Kundenbindung und allgemein die Unternehmensziele zu erreichen. So dürfen z. B. Hackerangriffe nicht zum Ausfall von Kernsystemen führen. Hinreichend ist hierbei das Schlüsselwort. Denn eine übertriebene Absicherung ist unsinnig teuer oder geschäftsverhindernd. Ein Beispiel sind hier nicht vernetzte Systeme. Diese sind natürlich einfacher abzusichern. Jedoch erfordern die meisten Geschäftsabläufe vernetzte Systeme und ein Kappen der Vernetzung verhindert oder erschwert den Geschäftsbetrieb so stark, dass wahrscheinlich auf Dauer nicht wirtschaftlich gearbeitet werden kann. Der konkrete Schutzbedarf hängt hierbei stark von der unternehmensindividuell eingeschätzten Kritikalität der jeweiligen Unternehmenswerte, wie z. B. Informationen oder Systeme ab.

Jedoch ist eine hundertprozentige Sicherheit auch mit noch so hohem Aufwand nicht zu erreichen. Ein hinreichender Informationsschutz ist hierbei ebenso wie eine Standard-Absicherung (siehe Abschn. 2.3) der IT schon aber mit verhältnismäßig geringen Mitteln zu erreichen. In Abb. 1.1 finden Sie in einer Prinzip-Darstellung die Abwägung zwischen Kosten und Sicherheitsbedürfnis sowie eine grobe Zuordnung zu Fehlerklassen nach dem CRISAM®-Modell (siehe [14]) dargestellt. Ohne Sicherheitsmaßnahmen handelt eine Unternehmensführung grob fahrlässig. Durch eine Basis- und Standard-Absicherung z. B. nach IT-Grundschutz (siehe Abschn. 2.3) kann ein Sicherheits-Niveau erreicht werden, in dem alle Unternehmenswerte mit normalem Schutzbedarf geschützt werden. Wenn zudem die Unternehmenswerte mit einem erhöhten Schutzbedarf

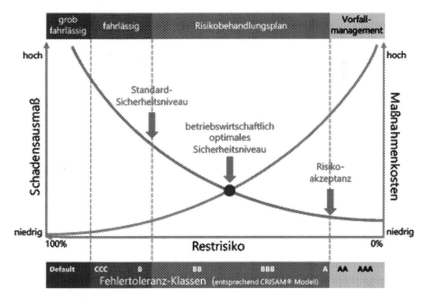

Abb. 1.1 Optimales Sicherheitsniveau (siehe [6])

abgesichert sind, dann ist in der Regel das optimale Sicherheitsniveau erreicht. Die Abwägung zwischen Sicherheitsstatus und Maßnahmenkosten muss aber jedes Unternehmen für sich treffen.

Hilfestellungen für erforderliche Richtlinien, Verfahrens- und Arbeitsanweisungen geben Normen, wie z. B. ISO/IEC 27001, IT-Grundschutz oder PCI. Sie definieren Anforderungen und geben Maßnahmenvorschläge, die umgesetzt werden müssen, sollten oder können. Rund 80 % der bekannten Angriffe lassen sich mit den Standard-Schutzmaßnahmen des IT-Grundschutz abwehren. Über technische und organisatorische Maßnahmen (TOMs) müssen sowohl die Sicherheit der für das Unternehmen schützenswerten Assets als auch insbesondere die personenbezogenen Daten abgedeckt werden. Die richtige Auswahl der Sicherheitsmaßnahmen für die hinreichende Absicherung und deren handhabbare Operationalisierung ist dabei erfolgsentscheidend.

Die Sicherheitsmaßnahmen zur Erreichung und Aufrechterhaltung einer störungsfreien Informationsverarbeitung müssen einerseits **wirksam** (effektiv) sein, um ein erforderliches Schutzniveau zu erreichen. Das Schutzniveau wird maßgeblich von der Kritikalität der zu schützenden Assets, wie z. B. Kundendaten, sowie von geltenden Gesetzen und Regularien bestimmt, die eingehalten werden müssen.

Andererseits müssen die Schutzmaßnahmen auch **wirtschaftlich angemessen** (effizient) sein und dürfen die Organisation nicht überfordern, d. h. die Möglichkeiten der Aufbau- und Ablauforganisation sowie weiterer Randbedingungen müssen berücksichtigt werden. Ein handhabbares und integriertes Instrumentarium ist notwendig, um sowohl die EU-Datenschutz-Grundverordnung (EU-DSGVO) als auch die Anforderungen der Informationssicherheit (u. a. BSI und ISO 27001) nachhaltig zu erfüllen.

Im Buch werden sowohl die Anforderungen der EU-Datenschutz-Grundverordnung als auch die des Informationssicherheitsmanagements eingeführt und aufgezeigt, welche wesentlichen Bestandteile für ein integriertes, einfaches und effektives Management-Instrumentarium erforderlich sind. Durch die Kombination mit Enterprise Architecture Management, IT-Servicemanagement und weiterer Disziplinen in ein integriertes Managementsystem, häufig integriertes Kontrollsystem (IKS) genannt, kann die Wirksamkeit noch erhöht werden. Nur so können der Datenschutz und die Informationssicherheit effektiv gemanagt werden.

Wichtig ist aber dabei die Handhabbarkeit. Das Managementsystem darf die Freiheiten zur Innovation und zum operativen Handeln nicht einschränken. Es muss umgekehrt einen Handlungsrahmen und Hilfestellungen liefern, um den Geschäftsbetrieb und auch die Geschäftsmodellweiterentwicklung hinreichend sicher zu ermöglichen.

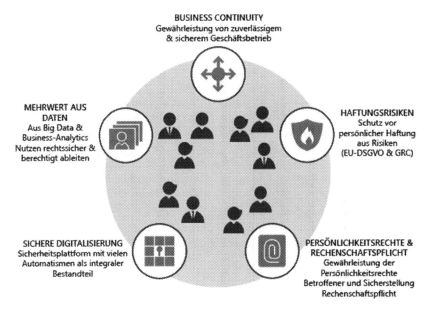

Abb. 1.2 Nutzenstiftende Sicherheit (siehe [6])

Das Zielbild der Schutzmaßnahmen ist in Abb. 1.2 dargestellt. Es geht letztendlich darum, das individuelle System für Informationssicherheit und Datenschutz so aufzusetzen, um den Erfolg des Unternehmens abzusichern. Wesentlich sind hierbei:

- **Business Continuity:** Gewährleistung von zuverlässigem und sicherem Geschäftsbetrieb
- **Haftungsrisiken:** Schutz vor persönlicher Haftung aus Risiken (EU-DSGVO und GRC)
- **Datenverlust:** Vermeidung von Datenverlust und den resultierenden Image-schäden und Folgekosten
- **Sichere Digitalisierung:** Sicherheitsplattform mit vielen Automatismen als integraler Bestandteil des Managementsystems
- **Mehrwert aus Daten heben:** Big Data und Business-Analytics rechtssicher und berechtigt nutzen

Ein Schlüssel für den Erfolg sind ein schlankes Instrumentarium sowie die ein-
fache und flexible, idealerweise automatisierte Nutzung, der Sicherheitsvorgaben
durch z. B. Single Sign On (SSO), verschlüsselte Übertragung, automatisierte
Freigabe-Workflows, automatische Provisionierung, API-Management, eine
Sicherheitsplattform als Teil der digitalen Plattform oder eine BI-Plattform mit
Sichten und Analysewerkzeugen, die bereits die Lösch- und Archivierungsfristen
sowie individuellen Berechtigungen vorbereiten. Ein intelligentes, integriertes
Managementsystem kann so die Aufwände für die Einhaltung der Sicherheitsan-
forderungen auf das erforderliche MUSS reduzieren.

Voraussetzung dafür ist aber, das Unternehmen und dessen Geschäftsmodell
sowie die Herausforderungen und die Lösungsmöglichkeiten in der Informationssicherheit und im Datenschutz zu verstehen. Nur so kann ein auf das Unternehmen zugeschnittene Informationssicherheitsinstrumentarium konzipiert und
operationalisiert werden.

In diesem Buch finden Sie die wesentlichen Anforderungen und Lösungsansätze kompakt. Für eine detaillierte Betrachtung sei auf [6] verwiesen.

Herausforderungen in der Informationssicherheit und im Datenschutz

2

Man wächst mit der Herausforderung.
Quelle Unbekannt

Die Herausforderungen in der Informationssicherheit und im Datenschutz für Unternehmen sind vielfältig. Der Umgang mit den wachsenden Gefährdungslagen und die Erfüllung von gesetzlichen und Compliance-Anforderungen, wie die EU-DSGVO, sind hierfür Beispiele. Die immer weiter zunehmende Durchdringung von Informationstechnik in den Geschäftsprozessen, die steigende Bedrohungslage sowie gesetzliche und Compliance-Anforderungen führen zu Gefahren, wie

- Missbrauch oder Verlust von schützenswerten Daten,
- Verstöße gegen gesetzliche Bestimmungen oder unternehmensspezifische Richtlinien und Regeln mit zum Teil persönlicher Haftung und
- die Behinderung oder sogar Unterbrechung der Geschäftstätigkeit durch z. B. nicht verfügbare Systeme.

Diese Bedrohungslage nimmt immer weiter zu. Gründe sind hierfür u. a. der steigende Vernetzungsgrad (siehe [2]), die IT-Verbreitung und Durchdringung sowie zunehmende und schnellere Ausnutzung von Schwachstellen.

Um sich vor strafrechtlicher Verfolgung, Image-Verlusten oder wirtschaftlichen Schäden zu schützen, ist ein unternehmensindividuell festzulegendes Maß an Informationssicherheit und Datenschutz erforderlich.

© Springer Fachmedien Wiesbaden GmbH, ein Teil von Springer Nature 2020
I. Hanschke, *Informationssicherheit und Datenschutz systematisch und nachhaltig gestalten,* essentials, https://doi.org/10.1007/978-3-658-28699-6_2

2.1   Erfüllung von gesetzlichen und Compliance-Anforderungen

Neben den zunehmenden Bedrohungen der Cyber-Security sind die steigenden Anforderungen aus Datenschutz und Informationssicherheit aufgrund der **EU-Datenschutz-Grundverordnung** (siehe [4]) und in der Informationssicherheit entsprechend der individuellen Anforderungen oder gesetzlichen Vorgaben zu bewältigen.

Wesentliche gesetzliche Vorschriften im Kontext Informationssicherheit und Datenschutz sind:

- **EU-DSGVO:** Die europäische Datenschutz-Grundverordnung (EU-DSGVO) zur Vereinheitlichung des Datenschutzrechtes in Europa. Siehe hierzu Abschnitt Abschn. 2.4.
- **IT-Grundschutz:** Der IT-Grundschutz ist eine Methodik für einen praktikablen und aufwandsarmen angemessenen Schutz von Informationen, um das Informationssicherheitsniveau in Unternehmen zu erhöhen. Er liefert einen De-Facto-Standard für IT-Sicherheit. Er wird vom Bundesamt für Sicherheit in der Informationstechnik (BSI) (weiter-)entwickelt und in regelmäßigen Abständen mit den internationalen Normen wie ISO/IEC 27001 abgeglichen. Siehe hierzu Abschn. 2.3.
- **IT-Sicherheitsgesetz:** Gesetz zur Erhöhung der Sicherheit informationstechnischer Systeme im Kontext von sogenannter „kritischer Infrastrukturen".
- **PCI DSS** (Payment Card Industry Data Security Standard) des PCI Security Standards Council: PCI DSS formuliert Sicherheitsanforderungen an die Abwicklung von Kreditkartentransaktionen.
- **KonTraG,** das Gesetz zur Kontrolle und Transparenz im Unternehmen: Wesentlich sind hier insbesondere die Verpflichtung zur Einrichtung eines Kontrollsystems mit verbindlichen Regeln im Unternehmen und ein unternehmensweites Risikomanagement, um für den Fortbestand des Unternehmens gefährdende Entwicklungen früh zu erkennen und gegenzusteuern.
- **GoBD:** Grundsätze zur ordnungsmäßigen Führung und Aufbewahrung von Büchern, Aufzeichnungen und Unterlagen in elektronischer Form sowie zum Datenzugriff durch die Finanzverwaltungen und Grundsätze ordnungsgemäßer DV gestützter Buchführungssysteme (GoBS) und Umsetzung dieser über ein internes Kontrollsystem (IKS).
- **HGB** (Handelsgesetzbuch): Anforderungen an die Ordnungsmäßigkeit und Revisionsfähigkeit der Geschäftstätigkeit. Dies umfasst auch bestimmte Aufbewahrungsfristen (Archivierungspflicht) für Geschäftsdokumente. Für die

Archivierung werden zudem gewisse Anforderungen gestellt, wie die unveränderte (originäre) und unveränderbare Speicherung, die Möglichkeit der Anzeige und Ausdrucks wie im Original, Filtermöglichkeiten zur zeitnahen Suche von Dokumenten (Indizierung, Tagging), Protokollierung aller Aktionen im Archiv zur Nachvollziehbarkeit sowie die Anforderung, dass Migrationen auf neue u. a. Plattformen, Medien ohne inhaltliche Informationsverluste erfolgen müssen.

Es ist davon auszugehen, dass sich Gesetze im Kontext Informationssicherheit aufgrund der zunehmenden Bedrohungslage weiter verschärfen oder neue hinzukommen.

Die Unternehmensführung steht bei den gesetzlichen und Compliance-Anforderungen in der Pflicht, für ausreichende Verfügbarkeit der IT und Daten, Datenschutz, Informationssicherheit und z. B. Einhaltung der Aufbewahrungspflichten zu sorgen. Eine Missachtung der Vorschriften kann zu empfindlichen Bußgeldern oder Strafen bis hin zur Existenzbedrohung führen. Daher muss sich jedes Unternehmen damit beschäftigen und sich folgende Fragen stellen:

- Welche Anforderungen aus welchen Normen und Gesetzen sind für das Unternehmen relevant? Welche sind verpflichtend?
- Welche Geschäftsprozesse sind betroffen und welche technischen und organisatorischen Maßnahmen sind notwendig, um IT-Compliance sicherzustellen? Welche sind bereits eingeführt? Welche müssen noch eingeführt werden?
- Gibt es bereits ein übergreifendes Risikomanagementsystem? Sind hier die Risiken aus Informationssicherheit und Datenschutz einbezogen?

Ein integriertes Managementsystem für Datenschutz und Informationssicherheit beantwortet alle diese Fragen und sichert die Unternehmensführung ab. Siehe hierzu Abschn. 2.4.

Im Folgenden schauen wir uns die ISO/IEC 27001, IT-Grundschutz und EU-DSGVO aufgrund deren großen Bedeutung für Unternehmen an.

2.2   ISO/IEC 27001

Die Norm ISO/IEC 27001 hat sich international als Standard für Informationssicherheit in Unternehmen und Behörden etabliert. Sie ist Teil der ISO/IEC 2700X-Normenreihe und wurde 2005 von den internationalen Normungsorganisationen ISO und IEC als ISO-Norm veröffentlicht. Sie basiert auf dem britischen Standard BS 7799-2. Die letzte Revision dieser Norm wurde im Juni 2017 veröffentlicht. Die Norm ISO/IEC 27001 legt den internationalen Standard für ein Informationssicherheitsmanagementsystem *(ISMS)* fest.

Die ISO/IEC 27001 enthält Anforderungen und Maßnahmen für den Aufbau, Betrieb und kontinuierliche Verbesserung eines Informationssicherheitsmanagementsystems (ISMS), das an die Gegebenheiten der jeweiligen Organisation angepasst werden kann, um individuelle Besonderheiten zu berücksichtigen. Die Anforderungen der Norm sind durch die Implementierung für das Unternehmen adäquate Sicherheitsmechanismen zu erfüllen.

Die ISO/IEC 27001 ist Teil der ISO/IEC 2700X-Normenreihe (siehe Abb. 2.1). Die Sicherheitsstandards zielen darauf ab, in anwendenden Unternehmen oder Behörden das Sicherheitsniveau zu verbessern. Wesentliche Bestandteile der ISO/IEC 2700X-Normenreihe sind:

- **ISO/IEC 27000** gibt einen allgemeinen Überblick über Managementsysteme für Informationssicherheit (ISMS) und über die Zusammenhänge der verschiedenen Standards der ISO-2700x-Familie. Hier finden Sie außerdem die grundlegenden Prinzipien, Konzepte, Begriffe und Definitionen für ISMS.
- **ISO/IEC 27001** ist der zentrale und einzige zertifizierbare Standard der ISO 27000-Normenreihe. Er besteht aus 11 Abschnitten und dem Anhang A. Die Abschnitte 0 bis 3 sind allgemeine Empfehlungen zur Einführung, dem Betrieb und der Verbesserung des ISMS. Die Abschnitte 4 bis 10 sind

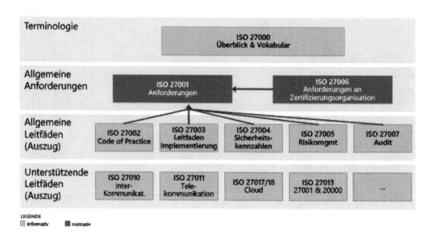

Abb. 2.1 ISO/IEC 2700X Normen-Familie (siehe [6])

obligatorisch (siehe Abb. 2.2), d. h. alle darin enthaltenen Anforderungen müssen umgesetzt werden. Der Anhang A enthält eine Auflistung von 114 Kontrollen, geordnet in 14 Abschnitten (Abschn. A.5 bis A.18) (siehe [16]) ohne Hilfe für die praktische Umsetzung. Welche Kontrollen relevant und anwendbar sind, wird in der Erklärung zur Anwendbarkeit (Statement of Applicability, SoA) festgelegt. Die Abschnitte in Anhang A sind in Abb. 3.2 dargestellt.

- **ISO/IEC 27002 (Code of practice)** ist ein Rahmenwerk für Informationssicherheitsmanagement und beinhaltet Informationssicherheitsleitfäden.
- **ISO/IEC 27003** enthält Anleitungen zur Umsetzung eines ISMS entsprechend ISO/IEC 27001.
- **ISO/IEC 27004** beinhaltet Messmethoden und Metriken der Informationssicherheit.
- **ISO/IEC 27005** enthält Rahmenempfehlungen zum Risikomanagement für Informationssicherheit. Hierbei wird allerdings keine spezifische Methode für das Risikomanagement vorgegeben.
- **ISO/IEC 27006** spezifiziert Anforderungen an die Akkreditierung von Zertifizierungsstellen für ISMS und behandelt auch Spezifika der ISMS-Zertifizierungsprozesse.

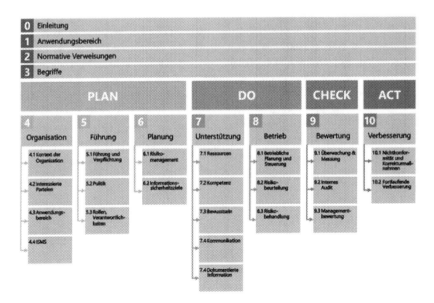

Abb. 2.2 ISO/IEC 27001 Abschnitte (siehe [6])

- **ISO/IEC 27010** dient als Leitfaden für die intersektionale und interorganisatorische Kommunikation.
- **ISO/IEC 27011** liefert einen Leitfaden für ISMS im Telekommunikationsbereich.
- **ISO/IEC 27013** dient als Leitfaden für die integrierte Implementierung eines ISMS nach ISO/IEC 27001 und eines IT-Servicemanagements nach ISO 20000-1.
- **ISO/IEC 27017** erweitert ISO/IEC 27002 um eine Reihe von „Good Practices" für eine sichere Nutzung bzw. Implementierung von Cloud-Diensten und gibt Anforderungen für das Themenfeld „Cloud-Computing" vor.
- **ISO/IEC 27018** beschreibt Umsetzungsempfehlungen für die sichere Verarbeitung von personenbezogenen Daten durch Cloud-Dienste.

Darüber hinaus gibt es weitere Bestandteile, wie z. B. ISO/IEC 22301, die Anforderungen für das betriebliche Kontinuitätsmanagement definiert. Für weitere Informationen sei auf die offizielle Seite der ISO/IEC (siehe https://www.iso.org/standard) hingewiesen.

Wichtig ist insbesondere die **Informationssicherheitsleitlinie** und die Definition des **Anwendungsbereiches** (auch Geltungsbereich genannt), um den Umfang und die Grenzen des ISMS festzulegen. Dabei sind das Geschäftsmodell, die Unternehmensorganisation und Unternehmenskultur sowie das Business Eco-System (mit u. a. Partnern auf den horizontalen und vertikalen Wertschöpfungsketten im und außerhalb des Unternehmens) zu berücksichtigen.

Alle relevanten Assets im Geltungsbereich einer Organisation müssen inventarisiert werden. Wesentliche Aspekte sind hier neben dem Namen, die Lage bzw. der Standort, der festgelegte Wert sowie der Asset-Owner. Der Asset-Owner ist der primäre Ansprechpartner für alle Sicherheitsaspekte der zugeordneten Assets. Gleichartige Assets sollten als Eintrag in der Inventarliste zusammengefasst werden, um den Aufwand für das Asset-Management zu beschränken. Beispiele hierfür sind Grundstücke, Gebäude oder Datenkategorien, wie z. B. Bewerberdaten.

Ausgangspunkt für die Inventarisierung bilden vorhandene Listen, wie z. B. Listen der Anlagenbuchhaltung, der Einkaufsabteilung oder aber eine Unternehmensarchitektur-Datenbasis beziehungsweise eine Change Management Datenbank (CMDB) für IT-Assets und die Verknüpfungen mit dem Business (siehe Kap. 4). Parallel zur Inventarisierung müssen Pflegeprozesse festgelegt und in der Organisation verankert werden, sodass die Inventarliste nicht veraltet.

▶ Die **Informationssicherheitsleitlinie** ist das zentrale Strategiedokument für die Informationssicherheit. Sie erklärt, für welche Zwecke, mit welchen Mitteln und auf welche Art und Weise und mit welchem angestrebten Sicherheitsniveau Informationssicherheit für das Unternehmen hergestellt werden soll.

Inhalte der Informationssicherheitsleitlinie (Security Policy) sind typischerweise:

- Nennung der Organisation
- Aufbau der Organisation
- Geschäftszweck durch z. B. die Beschreibung der Geschäftsprozesse
- Stellenwert und Motivation für Informationssicherheit im Unternehmen (siehe Abschn. 3.1)
- Festlegung des Anwendungsbereichs (auch Geltungsbereich genannt)
- Regulatorische Anforderungen z. B. Gesetze, Unternehmensvorgaben oder Verträge (Compliance-Ziele)
- Sicherheitsziele (u. a. Vertraulichkeit, Integrität und Verfügbarkeit, siehe Abschn. 3.3.1)
- Angestrebtes Sicherheitsniveau
- Sicherheitsorganisation mit Rollen, Verantwortlichkeiten und Gremien
- Zentrale Grundsätze und Verfahren der Informationssicherheit
- Verpflichtung der Mitarbeitenden zur Einhaltung
- Awareness,- Schulungs- und Sensibilisierungsmaßnahmen
- Bekenntnis der Leitung, die Sicherheit aktiv zu unterstützen
- Leitaussagen zur Erfolgskontrolle

Die Informationssicherheitsleitlinie wird, soweit bereits vorhanden, vom Informationssicherheitsbeauftragten (ISB, siehe Abschn. 3.2) zusammen mit einem Informationssicherheitsteam entwickelt, überprüft und überarbeitet. Nach Erstellung wird der Entwurf der Unternehmensleitung zur Genehmigung vorgelegt. Die Leitlinie sollte in regelmäßigen Abständen (siehe PDCA-Zyklus in Abschn. 3.5) auf ihre Aktualität hin überprüft und gegebenenfalls angepasst werden. Neuen Mitarbeitern sollte die Informationssicherheitsleitlinie vorgelegt und erläutert werden, bevor sie Zugang zur Informationsverarbeitung erhalten.

Das Informationssicherheitsteam sollte wichtige Fachvertreter sowie Vertreter aus dem IT-Betrieb sowie ein Mitglied der Leitungsebene beinhalten, der die Bedeutung der Informationssicherheit für das Unternehmen einschätzen kann. Wenn der ISB noch nicht benannt ist, muss ein oder mehrere Vertreter, die in Sachen Informationssicherheit ausreichend vorgebildet sind, vertreten sein.

Bei der Erstellung der Informationssicherheitsleitlinie sollten alle Fachexperten, wie Fachverantwortliche für Kernanwendungen, IT-Betrieb, IT-Sicherheit, Datenschutzbeauftragter, Einkauf, Marketing, Produktion und Fertigung, Personalabteilung, Personalvertretung, Revision, Finanzbuchhaltung, Compliance und Rechtsabteilung einbezogen werden.

Die **Erklärung zur Anwendbarkeit (SoA)** ist das zentrale Dokument der Informationssicherheit analog zum Qualitätshandbuch für die ISO 9001. In der SoA wird dokumentiert, wie die Informationssicherheit im Unternehmen umgesetzt wird. Sie enthält alle Kontrollen Ihrer Informationssicherheit. Für jede der 114 Kontrollen aus dem ISO/IEC 27001 Anhang A, die nicht angewendet wird, ist eine nachvollziehbare Erklärung erforderlich. Wenn noch weitere Gesetze oder Normen, wie z. B. PCI DSS, Anwendung finden sollen, können diese als ggf. zusätzliche Kontrollen mit in Ihre SoA aufgenommen werden.

Es wird zudem dokumentiert, ob jede anzuwendende Kontrolle bereits durch Sicherheitsmaßnahmen umgesetzt wurde oder nicht. Gute Praxis ist es hierbei auch, die Art der Umsetzung jeder anzuwendenden Maßnahme zu beschreiben. Häufig wird hier der Verweis auf Dokumente, wie z. B. Richtlinien, Verfahrens- oder Arbeitsanweisungen gesetzt. Alternativ kann auch eine Kurzbeschreibung der Sicherheitsmaßnahme dokumentiert werden.

Die SoA verknüpft die Anforderungen mit der Risikoeinschätzung und -behandlung. In der SoA werden die notwendigen Maßnahmen aus gesetzlichen und vertraglichen Gründen mit dem aus der Risikoeinschätzung resultierenden Risikobehandlungsplan mit ihrem jeweiligen Genehmigungs- und Umsetzungsstatus konsolidiert. Es dürfen keine Kontrollen ausgeschlossen werden, die wesentliche Risiken adressieren (siehe Abschn. 3.4). Alle wesentlichen Risiken müssen durch Maßnahmen entweder so behandelt werden, dass sie unter der festgelegten Risikoakzeptanz liegen oder es muss eine Risikoübernahme der obersten Leitung vorliegen.

Im Vergleich zum Bericht der Risikoeinschätzung, der mitunter recht lang werden kann, ist die SoA eher kurz. Sie hat lediglich 114 Zeilen. Damit ist es möglich, diese dem Management vorzulegen und zudem ist der Aufwand für die kontinuierliche Aktualisierung überschaubar. Sie ist ein guter Einstiegspunkt für die Zertifizierung des ISMS. Bei einer Zertifizierung nach ISO/IEC 27001 wird der Prüfer die SoA als zentrales Dokument verwenden und prüfen, ob Sie die Kontrollen in der SoA beschriebenen Art und Weise umgesetzt haben.

Die SoA entsteht im Rahmen des ISMS-Aufbaus und wird idealerweise während der kontinuierlichen Weiterentwicklung des ISMS gepflegt. Von daher sollte hier viel Zeit investiert und diese systematisch und vollständig erstellt werden. Dies erspart im Nachhinein viel Aufwand, da alle wesentlichen Aspekte darüber festgelegt werden.

Abb. 2.3 Beispielstruktur einer kombinierten SOA- und GAP-Analyse (siehe [6])

In Abb. 2.3 finden Sie eine Beispielstruktur für ein erweitertes SoA für eine Zertifizierung nach ISO/IEC 27001 basierend auf IT-Grundschutz. Durch die Zuordnung der ISO/IEC Kontrollen zu den IT-Grundschutz Bausteinen (siehe Abschn. 2.3) können die konkreten Anforderungen und Umsetzungshinweise des IT-Grundschutz für die Auswahl der Maßnahmen verwendet und damit der Aufwand erheblich vereinfacht werden.

> **Checkliste im Kontext der SoA**
> - Ist die SoA erstellt und veröffentlicht entsprechend der Vorgaben der Dokumentenlenkung?
> - Beinhaltet die SoA alle Kontrollen des ISO 27001 Anhang A sowie ggf. weitere Kontrollen für gesetzliche oder vertragliche Anforderungen?
> - Ist der Ausschluss von Kontrollen nachvollziehbar begründet?
> - Berücksichtigt die SoA die Ergebnisse des Risikomanagements?
> - Sind keine Kontrollen ausgeschlossen, die wesentliche Risiken adressieren?
> - Werden alle wesentlichen Risiken durch Maßnahmen so behandelt, dass diese unter der festgelegten Risikoakzeptanz liegen? Liegt eine dokumentierte Risikoübernahme der obersten Leitungsebene vor, wenn im Ausnahmefall die Risikoakzeptanzkriterien nicht erfüllt werden?
> - Gibt es für alle angewendeten und anzuwendenden Maßnahmen eine Verknüpfung zu relevanten Dokumenten und Aufzeichnungen?

Für eine Zertifizierung nach ISO/IEC 27001 sind folgende Dokumente verpflichtend:

- Anwendungsbereich des ISMS (Abschn. 6.1.3)
- IT-Sicherheitspolitik und -ziele (Abschn. 5.2 und 6.2)
- Risikomanagement-Methode mit Risikobehandlungsplan und Bericht zur Risikoeinschätzung (Abschn. 6.1.2, 6.1.3, 6.2, 8.2 und 8.3)

- Erklärung zur Anwendbarkeit, SoA (Abschn. 6.1.3)
- Festlegung der umzusetzenden Maßnahmen aus ISO/IEC 27001 Anhang A. Prüfen, dass keine erforderliche Maßnahme ausgelassen wurde. Begründung für die (Nicht-)Einbeziehung jeder Maßnahme aus Anhang A.
- Dokumentenlenkung (Abschn. 7.5 und A.12.1)
- Definition der Sicherheits-Rollen und Verantwortlichkeiten (Abschn. A.7.1.2 und A.13.2.4)
- Inventar der Werte und akzeptable Nutzung der Werte (Abschn. A.8.1.1 und A.8.1.3)
- Richtlinie für Zugriffskontrolle (Abschn. A.9.1.1)
- Sichere Systementwicklung (Abschn. A.12.1, A.12.6 und A.14.2.5)
- Verfahren für das IT-Management (Abschn. A.12.1.1)
- Sicherheitspolitik für Zulieferer (Abschn. A.15.1.1)
- Incident und Vorfall-/Notfallmanagement (Abschn. A.16.1.5)
- Betriebliches Kontinuitätsmanagement (Abschn. A.17.1.2)
- Gesetzliche, regulatorische und vertragliche Anforderungen (Abschn. 4.4 und A.18.1.1)
- Bestimmung der anzuwendenden Gesetzgebung und der vertraglichen Anforderungen

Zusätzlich sind Nachweise (Aufzeichnungen) erforderlich für:

- Aufzeichnungen zu Schulungen, Fähigkeiten, Erfahrung und Qualifikationen (Abschn. 7.2)
- Ergebnisse der Überwachung, Messung, Analyse und Bewertung des ISMS (Abschn. 9.1)
- Internes Audit-Programm (Abschn. 9.2)
- Interne Audit-Ergebnisse (Abschn. 9.2)
- Ergebnisse der Managementbewertungen (Abschn. 9.3)
- Ergebnisse der Korrekturmaßnahmen (Abschn. 10.1)
- Protokolle über Anwenderaktivitäten, Ausnahmen und Sicherheitsereignissen (Abschn. A.12.4.1 und A.12.4.3).

Empfohlene Konzepte, Richtlinien und/oder Verfahrensanweisungen sind:

- Informationsklassifizierung (Abschn. A.8.2.1, A.8.2.2 und A.8.2.3)
- Dokumentenlenkung (Abschn. 7.5 und A.12.1.1)
- Interne Audits (Abschn. 9.2)
- Korrekturmaßnahmen (Abschn. 10.1)

- Strategie für betriebliche Kontinuität (Abschn. A.17.2.1)
- Kontrollen für die Verwaltung von Aufzeichnungen (Abschn. 7.5)
- Zugangssteuerung mit u. a. Identitäts- und Berechtigungsmanagement (Abschn. A.9.1.1, A.9.1.2 und A.9.2)
- Test- und Abnahmeverfahren für neue Hard- und Software (Abschn. A.12.1, A.14.2 und A.14.3)
- Informationstransfer (Abschn. A.13.2.1, A.13.2.2 und A.13.2.3)
- Clear Desk und Clear Screen-Richtlinie (Abschn. A.11.2.9)
- Umgang mit Passwörtern und Passwort-Richtlinie (Abschn. A.9.2.1, A.9.2.2, A.9.2.4, A.9.3.1 und A.9.4.3)
- Entsorgung und Vernichtung (Abschn. A.8.3.2 und A.11.2.7)
- Mobile Endgeräte und Telearbeit (Abschn. A.6.2.1)
- IT-Architekturmanagement mit u. a. Freigabeliste der erlaubten Anwendungen/ Dienste und IT-Systeme; u. a. Messenger-Diensten (Abschn. 12.6)
- Arbeiten in Sicherheitsbereichen (Abschn. A.11.1.5)
- Regelungen für Auslandsreisen (Abschn. A.11.2)
- Systembetrieb/Virtualisierung (u. a. On Premise, Cloud, VMWare) (Abschn. A.11.2.4)
- Archivierung und Aufbewahrung (Abschn. A.18.1)
- Backup und Datensicherung (Abschn. A.12.3)
- Bring Your Own Device (BYOD) (Abschn. A.6.2.1)
- Change Management bzw. Patch- und Änderungsmanagement (Abschn. A.12.1.2 und A.14.2.4)
- Zusammenarbeit mit externen Parteien (Abschn. A.15.1.1)
- Geschäftsauswirkungsanalyse (Abschn. A.17.1.1)
- Übungs- und Testplan (Abschn. A.17.1.3)
- Wartungs- und Überprüfungsplan (Abschn. A.17.1.3)
- Zonenkonzept, Systemhärtung und Netzwerksegmentierung (Abschn. A.11.1, A.17.2 und A.12.2.1)
- Kryptografische Verfahren, Verschlüsselung und Schlüsselverwaltung (Abschn. A.9.1.1, A.9.1.2, A.9.2.3, A.9.2.4, A.10.1 und A.18.15)
- Datenschutzkonzept mit u. a. Löschkonzept (Abschn. 18.1.4)

Natürlich kann ein Unternehmen weitere sicherheitsrelevante Dokumente hinzufügen, falls dies als notwendig erachtet wird.

Verfahrensanweisungen werden typischerweise entsprechend der Stakeholder-Gruppen gruppiert. So gibt es z. B. häufig Verfahrensanweisungen für eine ordnungsgemäße IT-Administration, sicheren IT-Support, für die sichere Entwicklung von Systemen oder eine Nutzerleitlinie.

▶ **Wichtig** Erfolgsfaktoren für die erfolgreiche Einführung eines Informationssicherheitsmanagementsystems auf der Basis von ISO/IEC 27001 sind in dieser Reihenfolge:

1. Top-Management Unterstützung gewinnen & dieses verpflichten
2. ISMS-Aufbau als Projekt aufsetzen
3. ISEC & Datenschutz Strategie als Orientierung definieren
4. Geltungsbereich als inhaltliche Festlegung und Abgrenzung definieren
5. Schützenswerte Assets systematisch und handhabbar aufnehmen
6. Schutzbedarfsfeststellung für die Identifikation von Assets mit erhöhtem Schutzbedarf
7. Systematische und unternehmensweit einheitliche Risikomanagement-Methode festlegen
8. Risikomanagement bei Assets mit erhöhtem Schutzbedarf durchführen
9. Mit der Erklärung zur Anwendbarkeit (SoA) den Umfang Ihres ISMS festlegen
10. Verankerung in der Organisation mit Schulung- und Awareness-Programmen begleitend zur Umsetzung aller organisatorischen, personellen, baulichen und technischen Sicherheitsmaßnahmen
11. Vorfallmanagement und Notfallorganisation institutionalisieren
12. ISMS Dashboard einführen und institutionalisieren, um Wirksamkeit und Effektivität der Kontrollen kontinuierlich zu messen
13. Über regelmäßige interne und externe Audits die Wirksamkeit des ISMS überwachen und evaluieren

2.3 IT-Grundschutz

Der IT-Grundschutz ist eine Methodik für einen praktikablen und aufwandsarmen angemessenen Schutz von Informationen, um das Informationssicherheitsniveau in Unternehmen zu erhöhen. Er liefert einen De-Facto-Standard für IT-Sicherheit. Er wird vom Bundesamt für Sicherheit in der Informationstechnik (BSI) (weiter-) entwickelt und in regelmäßigen Abständen mit den internationalen Normen wie ISO/IEC 27001 abgeglichen. Siehe hierzu https://www.bsi.bund.de/DE/Themen/ITGrundschutz/itgrundschutz_node.html.

Durch den IT-Grundschutz werden folgende zentrale Fragen im Kontext der Informationssicherheit adressiert:

- Welche Schutzziele sind wie gut erreicht?
- Wie sorgfältig und sicher wird mit geschäftsrelevanten Informationen umgegangen?
- Wird Business-Kontinuität für die geschäftskritischen Bereiche sichergestellt?
- Gibt es bekannte Gefährdungen? Wie sicher ist die Informationstechnik des Unternehmens?
- Welche Sicherheitsmaßnahmen sind ergriffen und welche müssen ergriffen werden?
- Wie müssen diese Maßnahmen konkret umgesetzt werden?
- Wie hält bzw. verbessert ein Unternehmen das erreichte Sicherheitsniveau?
- Werden die organisatorischen, personellen, technischen und baulichen Aspekte der Informationssicherheit angemessen berücksichtigt?
- Wie hoch ist das Sicherheitsniveau anderer Unternehmen, mit denen kooperiert wird?
- Sind Notfallvorkehrungen getroffen, um im Gefährdungsfall schnell reagieren zu können?
- Wie wird mit den typischen IT-Risiken umgegangen (z. B. Infrastruktur- oder Systemausfall, korrupte Daten, Datenverlust, Ausspähen von Daten, Performance-Probleme, Schwachstellen aufgrund von veralteter Software (z. B. Systeme ohne Wartung mit alten Patch-Ständen) Softwarefehler oder veralteter Hardware, fehlende Sicherung/Backup, fehlendes Zonenkonzept und Systemhärtung)?

Der IT-Grundschutz liefert hierfür einen Baukasten. Die wesentlichen Bestandteile des IT-Grundschutz sind:

- BSI-Standards zum IT-Grundschutz mit Empfehlungen für den organisatorischen Rahmen und das systematische Vorgehen zur Gewährleistung von Informationssicherheit:
  - BSI-Standard 200-1: Managementsysteme für Informationssicherheit (ISMS) Er ist weiterhin kompatibel zum ISO-Standard 27001 und berücksichtigt die Empfehlungen der anderen ISO-Standards wie beispielsweise ISO 27002.
  - BSI-Standard 200-2: IT-Grundschutz-Vorgehensweise
  - BSI-Standard 200-3: Risikoanalyse auf der Basis von IT-Grundschutz
  - BSI-Standard 100-4: Notfallmanagement

- IT-Grundschutz-Kompendium mit konkreten Sicherheitsanforderungen und Umsetzungshinweisen zum sicheren Umgang mit Informationen für unterschiedliche Einsatzumgebungen mit IT-Grundschutz-Katalogen für:
  - **Bausteine** für übergreifende Aspekte der IT-Sicherheit (B1), Sicherheit der Infrastruktur (B2), Sicherheit der IT-Systeme (B3), Sicherheit im Netz (B4) und Sicherheit in Anwendungen (B5)
  - **Gefährdungskataloge** für die Gefährdungskategorien „G1 – Höhere Gewalt", „G2 – Organisatorische Mängel", „G3 – Menschliche Fehlhandlungen", „G4 – Technisches Versagen" und „G5 – Vorsätzliche Handlungen"
  - **Maßnahmenkataloge** für Infrastruktur (M1), Organisation (M2), Personal (M3), Hard- und Software (M4), Kommunikation (M5) und Notfallvorsorge (M6)

Ziel des IT-Grundschutzes ist es, die Mindestanforderungen für den normalen Schutzbedarf der Werte aus den Bausteinkategorien zu beschreiben und Standard-Sicherheitsmaßnahmen zu deren Umsetzung zu liefern. Für Assets mit einem erhöhten Schutzbedarf ist eine erweiterte Analyse und ein Einbezug von ggf. weiteren organisatorischen, personellen, baulichen oder/und technischen Sicherheitsmaßnahmen im Sicherheitskonzept. Hierdurch kann ein praktikabler, aufwandsarmer und angemessener Schutz von Informationen erreicht werden.

Das Baukastenprinzip erleichtert durch den einheitlichen Aufbau das Identifizieren und Auswählen der geeigneten Anforderungen, Gefährdungen und Maßnahmenempfehlungen. Die Bausteine aus den IT-Grundschutz-Katalogen spiegeln typische Bereiche und Aspekte der Informationssicherheit in einem Unternehmen oder übergeordnete Themen, wie dem Management der Informationssicherheit, der Notfallvorsorge oder der Datensicherungskonzeption bis hin zu speziellen Komponenten einer IT-Umgebung wider.

> **Wichtig** Die im IT-Grundschutz-Kompendium beschriebenen Basis- und Standardanforderungen stellen zusammengenommen den Stand der Technik dar. Diese müssen für die Zertifizierung nach ISO 27001 auf der Basis von IT-Grundschutz erfüllt werden. Die IT-Grundschutz Anforderungen sind konkreter ausgestaltet als die korrespondierenden Anforderungen der ISO 27001.
>
> In den Anforderungen im IT-Grundschutz-Kompendium werden Modalverben „SOLLTE", „MUSS" und „KANN" in ihren jeweiligen Formen und zugehörigen Verneinungen für die Verdeutlichung der

Anforderung genutzt. Hierdurch soll der Interpretationsspielraum eingeschränkt werden.

- „MUSS" oder „DARF NUR": Uneingeschränkte Anforderung, die unbedingt erfüllt werden muss.
- „DARF NICHT" oder „DARF KEIN": Uneingeschränktes Verbot (darf in keinem Fall getan werden).
- „SOLLTE": Eingeschränkte Anforderung, die normalerweise erfüllt werden muss. Abweichungen müssen sorgfältig erwogen und stichhaltig begründet werden.
- „SOLLTE NICHT" oder „SOLLTE KEIN": Eingeschränktes Verbot (sollte normalerweise nicht getan werden). Abweichungen müssen sorgfältig erwogen und stichhaltig begründet werden.
- „KANN": Fakultativ. Dies ist ein Best-Practice, der angewendet werden kann.

Das BSI überarbeitet und aktualisiert sowie erweitert regelmäßig das Kompendium, um die Empfehlungen auf dem Stand der Technik zu halten.

Die IT-Grundschutz-Methodik sieht drei Varianten vor:

- **Standard-Absicherung** entspricht der empfohlenen IT-Grundschutz-Vorgehensweise. Sie hat eine angemessene und ausreichende Absicherung für alle Prozesse und Bereiche des Unternehmens mit normalem Schutzbedarf als Ziel. Durch eine geeignete Umsetzung der im Kompendium festgelegten organisatorischen, personellen, infrastrukturellen und technischen Sicherheitsanforderungen nach dem Stand der Technik wird ein Sicherheitsniveau erreicht, das für normalen Schutzbedarf angemessen und ausreichend ist, um geschäftsrelevante Informationen zu schützen. Diese werden auch für die Zertifizierung nach ISO 27001 auf der Basis von IT-Grundschutz gefordert.
- **Basis-Absicherung** bietet einen Einstieg in den IT-Grundschutz für Unternehmen, die schnellstmöglich die größten Risiken absichern möchten. Sie beinhaltet ein Minimum an Sicherheitsvorkehrungen. Das erzielte Sicherheitsniveau liegt zwar deutlich unter dem der Standard-Absicherung, bietet aber für Einsteiger eine erste gute Grundlage. Aufbauend darauf können die tatsächlichen Sicherheitsanforderungen im Detail analysiert und adressiert werden.
- **Kern-Absicherung** als weitere Einstiegsvariante fokussiert die Sicherheitsmaßnahmen auf die „Kronjuwelen" eines Unternehmens, also geschäftskritische Prozesse und Werte. Dies ist auch eine Einstiegsvariante.

➤ **Wichtig** Die Basis- und Kern-Absicherung sind mögliche Einstiegs-
variantien. Ziel muss es jedoch sein, mittelfristig ein vollständiges
Sicherheitskonzept gemäß der Standard-Absicherung zu erstellen und
umzusetzen. Von den Keimzellen Basis- und/oder Kern-Absicherung
ausgehend, sollte dann kontinuierlich die Sicherheit in der Gesamt-
organisation verbessert werden.

Eine ISO 27001 Zertifizierung auf der Basis von IT-Grundschutz
ist sowohl für die Standard-Absicherung als auch für die Kern-Absicherung durch einen vom BSI zertifizierten ISO 27001-Grund-
schutz-Auditor möglich. Der Auditor sichtet die vom Unternehmen
erstellten Referenzdokumente, führt eine Vor-Ort-Prüfung durch und
erstellt einen Auditbericht, der dem BSI zur Prüfung vorgelegt wird.
Das BSI entscheidet dann über die Ausstellung eines Zertifikats.

Die Standard-Absicherung ist aus meiner Sicht die präferierte Vorgehensweise, da diese eine pragmatische und effektive Vorgehensweise für die Erzielung eines normalen Sicherheitsniveaus liefert, das
für erhöhte Schutzbedarfe ausgebaut werden kann.

Häufig erfolgt die ISO 27001 Zertifizierung auf der Basis des IT-Grundschutz. So kann von beiden Vorteilen profitiert werden. Die in ISO 27001 allgemein gehaltenen Anforderungen werden durch konkrete Anforderungen und
Umsetzungshinweise angereichert. Eine ISO 27001-Zertifizierung auf der Basis
von IT-Grundschutz ist fundierter als die generische ISO 27001, weil die praktische Umsetzung der geforderten Konzepte mit im Fokus der Überprüfung steht.
Eine ISO 27001 Zertifizierung auf der Basis von IT-Grundschutz ist sowohl für
die Standard-Absicherung als auch für die Kern-Absicherung möglich.

➤ Der „neue" anforderungsorientierte IT-Grundschutz liefert gerade
im Kontext einer Zertifizierung nach ISO 27001 auf der Basis vom
IT-Grundschutz eine Standard-Absicherung auf dem Stand der
Technik und erleichtert die Einführung eines ISMS. Im „neuen"
IT-Grundschutz ist der prozessorientierte Ansatz der ISO deutlich
wiedererkennbar. Die Maßnahmenziele und Maßnahmen der ISO
finden sich in den Anforderungen der IT-GS-Bausteine praktisch vollständig wieder. Der „neue" IT-Grundschutz geht insbesondere im
Bereich der Systembausteine deutlich darüber hinaus. So finden sich
in der ISO 27001 keine Vorgaben zur industriellen IT und Absicherung
einzelner Anwendungen.

Entscheidend ist, wie bei der ISO/IEC 27001, dass die Informationssicherheit „lebt". Die Verankerung in der Organisation erfolgt über Schulungen und Awareness-Aktivitäten. Häufig werden u. a. die wesentlichen Regeln für die Informationssicherheit als die goldenen Regeln der Informationssicherheit plakativ und auf wesentliche Kernaussagen fokussiert im gesamten Unternehmen verteilt. Dies ist eine von vielen Maßnahmen, um Awareness zu schaffen.

Beispiel für goldene Regeln

1. Immer aktuellen Virenscanner verwenden.
2. Alle Software auf dem aktuellen Stand halten.
3. Sichere Passwörter einmalig verwenden.
4. Nicht mit Administrationsrechten arbeiten.
5. Daten regelmäßig sichern.
6. Verschlüsselung von allen schützenswerten Daten.
7. Vorsicht vor unbekannten E-Mail-Anhängen.
8. Sensible Informationen nicht leichtfertig preisgeben.
9. Aufgeräumter Arbeitsplatz und Bildschirm sperren.
10. Sicherheitsvorfälle unverzüglich melden.

2.4 EU-DSGVO

Gerade im Zusammenhang mit der europäischen Datenschutz-Grundverordnung *(EU-DSGVO)* gewinnt der Schutz personenbezogener Daten deutlich an Bedeutung. Die EU-DSGVO zielt darauf ab, die Verbraucherrechte zu stärken und die Privatsphäre gerade in Zeiten von „Big Data", neuer technischer Möglichkeiten der Datenverarbeitung, Profilbildung oder Webtracking besser zu schützen und ein europaweit einheitliches Datenschutzniveau zu erreichen. Die DSGVO gilt zudem auch für Unternehmen außerhalb der EU, wenn diese Daten von Personen aus der EU zu Werbe- oder Marktforschungszwecken verarbeiten.

Die neue europäische Datenschutzgrundverordnung trat bereits am 24. Mai 2016 in Kraft. Seit dem 25. Mai 2018 sind die hierin enthaltenen Maßgaben zum Datenschutz verbindlich anzuwenden. Ein Verstoß wird mit bis zu 20 Mio. EUR Geldbuße oder bis zu 4 % der global erzielten Umsätze geahndet.

Wesentliche Merkmale des europäischen Datenschutzrechts sind neben dem Verbotsprinzip mit Erlaubnisvorbehalt vor allem die Auskunftsrechte- und Transparenzanforderungen gegenüber den Betroffenen.

Wesentliche Schwerpunkte der EU-DSGVO im Detail sind:

- **Stärkung der Rechte Betroffener** (Auskunftsrechte, Informationspflichten, Recht auf Vergessen, Recht auf Übertragbarkeit und zur Berichtigung): Die DSGVO findet Anwendung auf alle Daten, die sich auf eine identifizierbare natürliche Person beziehen. Dazu gehören auch „pseudonymisierte Daten" wie z. B. IP-Adressen oder Cookies.
- **Strenge Vorgaben für die Einwilligungshandlung** (explizites Opt-In, eindeutige bestätigende Handlung/Einwilligung sowie Widerspruchsmöglichkeit)
- **Verzeichnis der Verarbeitungstätigkeiten** (Verzeichnis aller Verarbeitungen mit Datenkategorien, der Kreis der betroffenen Personen, der Zweck der Verarbeitung und die Datenempfänger)
- **Aktive und unverzügliche Meldung von Datenschutzverstößen** (Art. 33 und 34 DSGVO) innerhalb von 72 h nach Kenntnis bei der Aufsichtsbehörde
- **Benennung Datenschutzbeauftragter (DSB)**

In der DSGVO werden die geltenden **Grundsätze für jede Datenverarbeitung** im Unternehmen aufgeführt. Diese müssen Teil des Datenschutzkonzeptes sein. Die wesentlichen Grundsätze sind:

- **Rechtmäßigkeit der Verarbeitung:** Die Verarbeitung von Daten ist nur zulässig, wenn eine gesetzliche Grundlage oder eine wirksame Einwilligung vorliegt. Die Verarbeitung muss nach dem Grundsatz von „Treu und Glauben" und in einer für die Betroffenen nachvollziehbarer Weise verarbeitet werden. Wesentliche Erlaubnistatbestände finden Sie in [6].
- **Datentransparenz** als Grundlage für das Auskunftsrecht von Betroffenen: Transparenz über personenbezogenen Datenkategorien sowie die Herkunft, Zweck, Ort und Art der Verarbeitung und Übermittlung der Daten.
- **Zweckbindung der Datenverarbeitung,** d. h. der Zweck muss für jede Verarbeitung von personenbezogenen Daten im Verarbeitungsverzeichnis festgelegt werden.
- **Datenminimierung:** Daten müssen auf den Zweck der Verarbeitung im notwendigen Maß beschränkt werden. Ein Beispiel ist dafür, dass für die Anmeldung zu einem Newsletter der Name und die E-Mail-Adresse ausreichend sind.
- **Richtigkeit der Datenverarbeitung** (vgl. Art. 16, 17 DSGVO): Es sind alle angemessenen Maßnahmen bei der Verwendung von personenbezogenen Daten zu treffen, um zu gewährleisten, dass diese sachlich richtig und auf dem neuesten Stand sind. „Unrichtige" personenbezogene Daten müssen unverzüglich gelöscht oder berichtigt werden.

- **Speicherbegrenzung** über festgelegte Löschfristen (Löschkonzept), d. h. zeitliche Befristung der Verwendung und Aufbewahrung.
- **Integrität und Vertraulichkeit** (vgl. Art. 32 DSGVO): Eine angemessene Sicherheit der personenbezogenen Daten muss in deren Verarbeitung gewährleistet werden. Dies schließt den Schutz vor unbefugter oder unrechtmäßiger Verarbeitung und vor unbeabsichtigtem Verlust, unbeabsichtigter Zerstörung oder unbeabsichtigter Schädigung durch geeignete technische und organisatorische Maßnahmen mit ein.
- **Privacy by design und by default:** Datenschutz ist schon beim Planen neuer Techniken und neuer Verarbeitungen sowie durch datenschutzfreundliche Grundeinstellungen zu berücksichtigen.

Für die Umsetzung der Anforderungen aus der EU-DSGVO sind eine Reihe von Dokumentationspflichten einzuhalten. Verpflichtende Dokumentationen sind u. a. das Verzeichnis der Verarbeitungstätigkeiten und Auftragsverarbeitungen, die Datenschutzfolgenabschätzung und die Dokumentation der relevanten TOMs (technische und organisatorische Maßnahmen) für die rechtliche Absicherung.

Das Verzeichnis von Verarbeitungstätigkeiten (siehe [4]) fungiert als wesentliche Grundlage für eine strukturierte Datenschutzdokumentation und hilft dem Verantwortlichen dabei, nachzuweisen, dass die Vorgaben aus der EU-DSGVO eingehalten werden (Rechenschaftspflicht).

Eine Datenschutzfolgenabschätzung muss durchgeführt werden, wenn die vorgesehene Verarbeitung, insbesondere neue Technologien oder aufgrund der Art, des Umfangs, der Umstände und der Zwecke der Verarbeitung voraussichtlich ein hohes Risiko für die Rechte und Freiheiten natürlicher Personen zur Folge hat. Der Verantwortliche für die Verarbeitung schätzt vorab die Folgen der vorgesehenen Verarbeitung für den Schutz personenbezogener Daten mit Unterstützung des Datenschutzbeauftragten durch. Die Ergebnisse der Datenschutzfolgenabschätzung werden häufig auch im Verarbeitungsverzeichnis dokumentiert.

Um die Sicherheit der Verarbeitung zu gewährleisten, sind geeignete technische und organisatorische Maßnahmen (TOM) zu identifizieren, umzusetzen und diese idealerweise in einem übergreifenden Datenschutz- und Informationssicherheitshandbuch (siehe Abschn. 2.4) zu dokumentieren. Dieses Handbuch kann einerseits zum Nachweis gegenüber der Aufsichtsbehörde, bei gerichtlichen Kontrollverfahren und andererseits für alle Mitarbeitenden als verbindlicher Leitfaden genutzt werden. Hier müssen neben Kunden- und Geschäftspartnerdaten insbesondere auch Mitarbeiterdaten z. B. im Kontext von E-Mail- oder Internet-Nutzung oder aber „BYOD" betrachtet werden.

Wesentliche Maßnahmen für eine wirksame Datensicherheit sind:

- Archivierungs-, Aufbewahrungs- und Löschkonzept (sowohl für produktive als auch Test-Daten)
- TOMs zum Schutz von personenbezogenen Daten, wie
  - Pseudonymisierung und Anonymisierung personenbezogener Daten auf der Basis des Archivierungs-, Aufbewahrungs- und Löschkonzepts
  - Verschlüsselung personenbezogener Daten
- TOMs zur Gewährleistung der Vertraulichkeit, Integrität und Verfügbarkeit der personenbezogenen Daten und Verarbeitungssysteme, wie
  - Wirksame Zutritts-, Zugangs- und Zugriffskontrolle
  - Kontrolle der Weitergabe von Daten insbesondere auch an Drittstaaten
  - Virenschutz und Backup
  - Trennungskontrolle zur Gewährleistung der getrennten Verarbeitung von Daten, die zu unterschiedlichen Zwecken erhoben wurden, über z. B. Mandantenfähigkeit oder Sandboxing
  - Fehlertoleranz und Widerstandsfähigkeit gegenüber Störungen
  - Fähigkeit zur Wiederherstellung der Daten und Systeme in der erforderlichen Zeit
- Notfallkonzept und -organisation für z. B. Datenpannen (Data Breach)
- Prozesse und Anweisungen für Auskunfts- oder Löschbegehren von Betroffenen
- Verpflichtung der Mitarbeiter auf Beachtung der datenschutzrechtlichen Grundsätze sowie Leitfaden für Mitarbeiter für den Umgang z. B. mit E-Mail- und Internet-Nutzung oder „BYOD" sowie Sensibilisierung und Schulung von Mitarbeitern, inkl. Anpassung von Betriebsvereinbarungen entsprechend der jeweils gültigen Rechtsprechung
- Sicherstellung der Datenschutzkonformität der Webseite (u. a. Datenschutzerklärung, Pflichtfelder in Formularen und Verschlüsselung)
- Verpflichtung der Dienstleister zur Einhaltung des Datensicherheitskonzepts
- Weisung von Auftragsverarbeitern durch den für die Verarbeitung Verantwortlichen auf Grundlage eines schriftlichen Vertrags (wie z. B. Rechenzentrumsleistungen)
- Regelmäßiger Prozess zur Aktualisierung des Verarbeitungsverzeichnisses sowie Überprüfung der ergriffenen Sicherheitsmaßnahmen

Um ein dem Risiko für die Verletzung der Rechte und Freiheiten natürlicher Personen angemessenes Schutzniveau zu gewährleisten, muss der Verantwortliche für eine Verarbeitung geeignete technische und organisatorische Maßnahmen auswählen. Dies ist abhängig von Stand der Technik, Implementierungskosten, Art, Umfang und Zweck der Verarbeitung sowie der Eintrittswahrscheinlichkeit und Schwere des Risikos.

Die Umsetzung dieser Anforderungen, insbesondere die Umsetzung des Rechts auf Löschung, stellt die betroffenen Unternehmen vor Herausforderungen. Personenbezogene Daten befinden sich in den unterschiedlichsten Anwendungen und Schnittstellen sowie im Archiv, Backup oder in Protokolldaten. Hier fehlt häufig eine ausreichende Datentransparenz.

▶ Als Methodik zur effektiven und vollständigen Aufgabenerfüllung empfehlen die deutschen Aufsichtsbehörden die Anwendung des Standard-Datenschutzmodells (siehe SDM in [7]).

Für die Bewältigung der vielfältigen Anforderungen und Herausforderungen im Datenschutz und in der Informationssicherheit ist ein handhabbares und mit allen Planungs- und Steuerungsfunktionen integriertes Managementinstrumentarium unabdingbar. Insbesondere die Verknüpfung von Informationssicherheit, Datenschutz, IT-Servicemanagement (ITIL®) und Enterprise Architecture Management stellt eine ideale Symbiose dar. Nur so wird z. B. eine ausreichende Datentransparenz hergestellt.

Ein handhabbares und integriertes Instrumentarium ist notwendig, um sowohl die EU-Datenschutz-Grundverordnung als auch die Anforderungen der Informationssicherheit (u. a. BSI und ISO 27001) nachhaltig zu erfüllen. Wesentlich sind sowohl organisatorische als auch technische Aspekte als auch insbesondere der Faktor Mensch, die ganzheitlich adressiert und kontinuierlich optimiert werden müssen. Die Inhalte und die Vorgehensweise für die Einführung schauen wir uns im nächsten Kapitel an.

Integriertes Managementsystem für Datenschutz und Informationssicherheit

3

Verwirrung ist stets der Beginn kreativen Wandels.

Thomas Weiss

Ein integriertes Managementsystem für Datenschutz und Informationssicherheit (DS & ISMS) ist ein handhabbares Instrumentarium, um Datenschutz und Informationssicherheit dauerhaft zu definieren, zu steuern, zu kontrollieren, aufrechtzuerhalten und fortlaufend zu verbessern. Es bietet:

- Absicherung aller Verfahren und Prozesse im Kontext Informationssicherheit und Datenschutz
- Fristgerechte Erfüllung der Gesetzesanforderungen und Normen sowie aller zum Teil individuellen Vorgaben im Kontext Informationssicherheit und Datenschutz

Je nach Branche, Zielen und Besonderheiten eines Unternehmens sind die zu berücksichtigenden Anforderungen an ein integriertes Managementsystem durchaus unterschiedlich. Unterschiedliche externe Regelwerke müssen u. a. berücksichtigt werden. Allen diesen Regelwerken kann und sollte jedoch nicht buchstabengetreu Rechnung getragen werden, da der Aufwand immer im Verhältnis zum Nutzen stehen sollte. Dies ist insbesondere der Fall, wenn unterschiedliche Regelwerke mit häufig ähnlichen Zwecken einzuhalten sind. Bei einer 1:1-Umsetzung entstehen eine Menge Redundanzen von Richtlinien, Verfahrens- oder Arbeitsanweisungen mit jeweils Aufwand für die Verantwortlichen. Hier geht es also mehr darum, die Ziele und Schutzzwecke möglichst redundanzfrei umzusetzen. Zudem muss sicherlich über die Entbehrlichkeit von einzelnen Elementen entschieden werden. Diese Entscheidungen müssen dokumentiert werden.

© Springer Fachmedien Wiesbaden GmbH, ein Teil von Springer Nature 2020
I. Hanschke, *Informationssicherheit und Datenschutz systematisch und nachhaltig gestalten,* essentials, https://doi.org/10.1007/978-3-658-28699-6_3

▶ Ein **integriertes Managementsystem für Informationssicherheit und Datenschutz (DS & ISMS)** ist ein umfassendes, ganzheitliches und standardisiertes Managementsystem mit definierten Richtlinien, Regeln und Prozessen zur Planung, Durchführung, Steuerung und fortlaufenden Optimierung der Informationssicherheit und des Datenschutzes im Unternehmen.

Das systematische Management von Datenschutz und Informationssicherheit soll einen effektiven Schutz von allen wesentlichen Werten des Unternehmens, wie Informationen und IT-Systeme, in Bezug auf die Schutzziele (siehe Abschn. 3.3), wie z. B. Vertraulichkeit, Integrität und Verfügbarkeit, gewährleisten. Dieser Schutz ist kein Selbstzweck, sondern ist die Basis für die Erreichung von Unternehmenszielen und dem Erhalt von Unternehmenswerten durch eine zuverlässige, sichere und idealerweise störungsfreie Bereitstellung und Verarbeitung von Informationen im kontinuierlichen Geschäftsbetrieb.

▶ Ein eingeführtes DS & ISMS sichert die Umsetzung der gesetzlichen und vertraglichen Anforderungen aus u. a. ISO/IEC 27001, EU-DSGVO sowie den unternehmensspezifischen Sicherheitsanforderungen ab. Durch geeignete organisatorische, personelle, infrastrukturelle und technische Standardsicherheitsmaßnahmen aus dem IT-Grundschutz wird ein Standard-Sicherheitsniveau aufgebaut, das für sensiblere Bereiche mit erhöhtem Schutzbedarf ausbaufähig ist.

Häufig werden als Ausgangspunkt für ein integriertes Managementsystem für Datenschutz und Informationssicherheit die ISO-Standards (siehe Abschn. 2.2) in Kombination mit dem IT-Grundschutz (siehe Abschn. 2.3) verwendet. Diese sind relativ gut aufeinander abgestimmt und zudem international einsetzbar. In das interne Kontrollsystem (IKS) müssen sicherlich noch die Kontrolle der Finanzberichterstattung integriert werden. Dies wird aber in diesem Buch nicht weiter betrachtet, siehe hierzu [17]. Schwerpunkt bildet die Norm ISO/IEC 27001, der IT-Grundschutz sowie die EU-DSGVO.

In Abb. 3.1 finden Sie die Bestandteile eines integrierten Datenschutz- und Informationssicherheitsinstrumentariums (DS & ISMS):

- **Strategie: Datenschutzpolitik und Informationssicherheitsstrategie**
  Die Strategie steht an der Spitze der Pyramide. Durch die Strategie werden Vision und Leitplanken sowohl für die Umsetzung als auch für die kontinuierliche Optimierung des DS & ISMS vorgegeben.

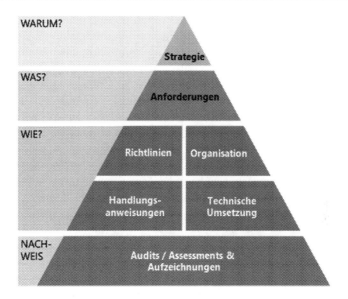

Abb. 3.1 DS & ISMS-Pyramide (siehe [6])

In der **Datenschutzpolitik** wird der Stellenwert des Datenschutzes im Unternehmen festgelegt. Wesentlich sind u. a. die Prinzipien des Datenschutzes, die „Rechtmäßigkeit", „Verarbeitung nach Treu und Glauben", „Transparenz", „Zweckbindung", „Datenminimierung", „Richtigkeit", „Speicherbegrenzung", „Integrität und Vertraulichkeit" und „Rechenschaftspflicht" (siehe Abschn. 2.4).

In der **Informationssicherheitsstrategie** werden die Sicherheitsziele des Unternehmens, die relevanten gesetzlichen Anforderungen und Vorschriften, Anforderungen aus bestehenden Verträgen sowie der externen Parteien, interne Rahmenbedingungen, die wesentlichen Geschäftsprozesse und Fachaufgaben sowie die globalen Bedrohungen durch Sicherheitsrisiken, wie z. B. Imageschäden adressiert. Interne Rahmenbedingung ist z. B. häufig ein organisationsweites Risikomanagement über alle Bereiche, auch außerhalb der Informationssicherheit.

Die Informationssicherheitsstrategie wird in der Informationssicherheitsleitlinie dokumentiert (siehe Abschn. 2.2).

⧉   **Wichtig** Für ein integriertes DS & ISMS sollten Sie die Informationssicherheitsleitlinie um die Datenschutzaspekte ergänzen. Ergebnis
ist dann die Datenschutz- & Informationssicherheitsleitlinie. Bei der
Erarbeitung sollten Sie alle Fachverantwortlichen für Anwendungen,
IT-Betrieb, Sicherheit (Informations-, IT- und Infrastruktur-Sicher-
heit), Datenschutzbeauftragter, Produktion und Fertigung, Personalabteilung, Personalvertretung, Revision, Vertreter für Finanzfragen
und Rechtsabteilung einbeziehen.
Wesentlich sind neben den Zielen insbesondere auch die Festlegung welche Normen oder Gesetze, wie z. B. ISO/IEC 27001,
IT-Grundschutz und EU-DSGVO einzuhalten sind und, ob eine Zertifizierung angestrebt wird.

- **Anforderungen: Festlegung der umzusetzenden Kontrollen**
  Die unternehmensspezifischen Anforderungen sind ebenso festzulegen, wie
  die Informationsklassifizierung (siehe Abschn. 3.3.1) sowie das Vorgehen für
  das Risikomanagement und die regelmäßige Überprüfung durch z. B. interne
  oder externe Audits. Die Anforderungen aus dem Kontext Informationssicherheit können einfach über ein SoA-Template (siehe Abschn. 2.2) ausgewählt
  und kontinuierlich dokumentiert werden. Für den Datenschutz gibt es ebenso
  Anforderungen (siehe hierzu Abschn. 2.4).
  Die gewählten Methoden zum Risikomanagement und Auditvorgehen müssen geeignet sein, um den festgelegten Anforderungen des Datenschutzes und
  der Informationssicherheit sowie den gesetzlichen Ansprüchen zu genügen.
  Daraufhin müssen Kriterien für die Risikoakzeptanz erstellt werden. Es ist
  verbindlich festzulegen, welche Risiken aus Sicht des Unternehmens vertret-
  bar sind. Nichterfüllen von Datenschutz- oder Sicherheitszielen sind direkt
  Gefahren, wie z. B. Verlust der Vertraulichkeit von Kundendaten, die zu
  bewerten sind.
- **Richtlinien, Organisation, Handlungsanweisungen und technische
  Umsetzung: Operationalisierung des DS & ISMS**
  Die Operationalisierung erfolgt über die Festlegung von Richtlinien und die
  Datenschutz- und Sicherheitsorganisation sowie für die unterschiedlichen
  Stakeholder-Gruppen durch individuell auf diese zugeschnittenen Handlungs-
  anweisungen, wie z. B. Arbeitsanweisungen. Die technische Umsetzung
  über eine adäquate Infrastruktur und Sicherheitsarchitektur ohne Ballast und,
  soweit wie möglich, Automatisierung oder technisches „Erzwingen" von z. B.
  Kennwortschutz erleichtern die Umsetzung.

Abb. 3.2 Anforderungen DS & ISMS (siehe [6])

- **Nachweise entsprechend der gesetzlichen Anforderungen** (z. B. internes Kontrollsystem, Verarbeitungsverzeichnis, Aufzeichnungen über Qualifikationen).

In Abb. 3.2 ist die Pyramide im Bereich Anforderungen aufgeklappt. Hier finden Sie einerseits die Kontrollen von ISO/IEC 27001 (siehe Abschn. 2.2) und andererseits die Pflichtdokumente und -prozesse aus der EU-DSGVO.

Die DS & ISMS-Pyramide muss, wie in Abb. 3.3 skizziert, mit Leben gefüllt werden. In Abb. 3.3 finden Sie die inhaltliche Dimension mit:

- **Strategische Datenschutz- und Informationssicherheitsvorgaben,** wie Ziele, Grundsätze, Geltungsbereich und Organisation von Datenschutz und Informationssicherheit.
  Wesentliche Artefakte sind hier die Datenschutz- und Informationssicherheitsleitlinie, Anwendungsbereich-Dokumentation sowie allgemeine Vorgaben für z. B. Dokumentenlenkung und Informationsklassifikation (siehe Abschn. 3.3.1) sowie Organisation des DS & ISMS (siehe Abschn. 3.2).
- **Übergreifende Konzepte** wie z. B. Kryptokonzept, Cloud-Sicherheit, Datenschutzkonzept, Datensicherungskonzept, Identity und Access Management (IAM) zur wirksamen Zugangs- und Zugriffskontrolle, Lösch- und

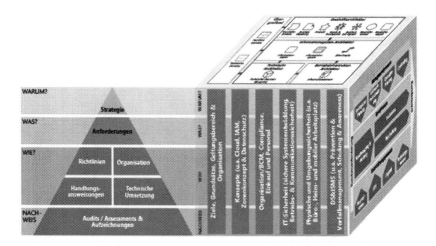

Abb. 3.3 Dimensionen eines DS & ISMS

Archivierungskonzept oder Zonenkonzept sowie Vorgehensweisen für z. B. Informationssicherheit auf Auslandsreisen, Auswahl und Einsatz von Standardsoftware und Einwicklung und Einsatz von Anwendungen.

- **Übergreifende Informationssicherheit** im Kontext Organisation und Business Continuity Management, Compliance, Einkauf und Personal. Beispiele sind hier Richtlinien und Verfahrensanweisungen für die Personalsicherheit, die organisatorische Ausführung des Identitäts- und Berechtigungsmanagement, das Zusammenspiel mit dem Compliance-Management sowie die Ausgestaltung und operative Steuerung der Durchführung von Datenschutz- und Informationssicherheitsschulungen sowie Regelungen für die Zusammenarbeit mit externen Parteien, wie Vorgaben, Verpflichtung und Weisung in Lieferantenbeziehungen.
- **IT-Sicherheit** mit u. a. IT-Nutzerrichtlinie, sichere Systementwicklung inklusive Systemerwerb (mit u. a. Testdaten und Trennung der Umgebungen sowie Softwaretests und Freigaben, Inbetriebnahme, Qualitätssicherung, Zugangssteuerung für Quellcode, Ausgegliederte Entwicklung) sowie Wartung inklusive Architekturmanagement und Change Management sowie Betriebs- & Kommunikationssicherheit mit ordnungsgemäßer IT-Administration, sicheren IT-Support für Anwendungen, IT-Systeme, Netze und Kommunikationsinfrastruktur sowie industrielle IT. Beispiele hierfür sind:

- Anwendungen mit Client-Anwendungen (Office-Produkte, Web-Browser, Mobile Anwendungen/Apps), Verzeichnisdienste (auch Active Directory und LDAP), netzbasierte Dienste (Webanwendungen, Webserver, Fileserver, Samba, DNS-Server), Business-Anwendungen (relationale Datenbanksysteme, SAP ABAP-Programmierung), E-Mail/Groupware-Kommunikation (allgemeine Groupware, Microsoft Exchange und Outlook)
- IT-Systeme mit Server (inkl. Virtualisierung und Speicherlösungen), Desktop-Systeme, mobilen Devices und sonstige Systeme (Drucker, Kopierer, Multifunktionsgeräte, eingebettete Systeme, IoT-Geräte)
- Netze und Kommunikationsinfrastruktur mit Netzarchitektur und -management, Telekommunikation (TK-Anlagen, VoIP, Faxgeräte und -server), Netzkomponenten (Router und Switches, Firewall, VPN), Funknetze (WLAN)
- Industrielle IT mit Betriebs- und Steuerungstechnik, ICS-Komponenten (Sensoren und Aktoren, Maschinen usw.)
• **Physische und Umgebungssicherheit** mit u. a. Büro-, Heim- und mobiler Arbeitsplatz, Besprechungs-, Veranstaltungs- und Schulungsräume sowie im Kontext allgemeines Gebäude, Rechenzentrum, elektrotechnische Verkabelung, Datenträgerarchiv, Büro-, häuslicher und mobiler Arbeitsplatz
• **Management von Datenschutz und Informationssicherheit** als Planungs- und Lenkungsaufgabe mit u. a.:
  - Schutzbedarfsfeststellung
  - DS & ISMS Risikomanagement
  - Prävention
  - Vorfall- und Notfallmanagement
  - DS & ISMS Governance mit Überwachung, Messung, Analyse und Bewertung, Audits und Assessments
  - Schulung & Awareness
  - Kontinuierliche Verbesserung des DS & ISMS über einen PDCA-Zyklus
  - Schulung, Verpflichtung & Awareness sowohl von Mitarbeitern als auch Dienstleistern und Weisung von Auftragsverarbeitern

Von besonderer Bedeutung aufgrund der Vielzahl der IT-Nutzer ist häufig die IT-Nutzerrichtlinie. In dieser sind in der Regel Richtlinien für u. a. aufgeräumter Arbeitsplatz, mobiles Computing und Telearbeit, Informationssicherheit auf Auslandsreisen sowie Informations- und Datenträgeraustausch und Regelungen für die Verschrottung und Entsorgung enthalten.

Da eine Vielzahl der Geschäftsprozesse IT-unterstützt ablaufen, liegt ein weiterer Fokus auf IT-Betriebs- und IT-Support-Themenstellungen, wie:

- **Ordnungsgemäße IT-Administration** mit u. a. Systemmanagement, Protokollierung, Monitoring, Überwachung, Informations- und Datenträgeraustausch, Fernwartung, Kryptografie, Datensicherung, Backup, Betriebshandbuch, Netzwerksicherheit, SW-Installation und Einhaltung von Standards
- **Sicherer IT-Support** mit u. a. Schutz vor Schadprogrammen, Softwareverteilung, Help Desk, Kryptografie, SW-Installation, Wartung und Austausch von IT-Systemen und Software, Informations- und Datenträgeraustausch, Nutzung von Messengerdiensten, Einhaltung von Standards
- **Architektur- und Change-Management** mit u. a. Patch- und Änderungsmanagement, inkl. Lifecycle-Management und Mandantenkonzept

Auf dem oberen Deckel der Abb. 3.3 finden Sie relevanten fachlichen und technischen Strukturen, die für das Asset-Management (siehe Kap. 4) relevant sind. Beispiele für Assets sind u. a. die zu schützenden Informationen oder IT-Systeme. Seitlich in der Abb. 3.3 befinden sich die Unternehmensorganisation und Geschäftsprozesse, in die sich das Datenschutz- und Informationssicherheitsmanagement-Instrumentarium integrieren muss, um zu leben. Hierzu zählen insbesondere das Risikomanagement, das Compliance-Management und das Business Continuity Management. Das DS & ISMS Risikomanagement muss sich ebenso mit dessen Risikoportfolio, Risikobehandlungsplan und Sicherheitsmaßnahmen in das unternehmensübergreifende Risikomanagement verzahnen, wie das Vorfall- und Notfall-Management in das Incident- bzw. übergreifende Business Continuity Management.

Nun schauen wir uns das Vorgehen beim Aufbau des integrierten DS & ISMS näher an.

3.1   Best-Practice-Vorgehen beim Aufbau eines integrierten DS & ISMS

Für den Aufbau eines wirksamen und handhabbaren integrierten DS & ISMS ist ein systematisches Vorgehen essenziell, damit ein für das Unternehmen angemessenes Sicherheitsniveau mit den bereitgestellten Ressourcen (Finanzmittel, Personal, Zeit) erreicht werden kann. Das angestrebte Sicherheitsniveau muss erreichbar sein. Der Aufbau eines integrierten DS & ISMS sollte im Rahmen eines Projektes erfolgen. Nur so ist häufig eine ausreichende Bereitstellung der erforderlichen finanziellen, personellen und zeitlichen Ressourcen sichergestellt. Wesentliche Projektbeteiligte sind der Informationssicherheitsbeauftragte (ISB), häufig als Projektleiter, der Datenschutzbeauftragte (DSB) und alle entsprechend des Geltungsbereichs erforderlichen Stakeholder, wie z. B. aus IT-Betrieb oder der Personalabteilung. Wenn noch kein ISB festgelegt ist, muss zumindest ein Verantwortlicher für Informationssicherheit für die Konzeption und Planung des Einstiegs in die Informationssicherheit benannt werden. Ein DSB ist in der Regel bereits benannt, da die Anforderungen der EU-DSGVO seit April 2018 zu erfüllen sind. Ebenso ist dann ein Datenschutzinstrumentarium (siehe Abschn. 2.4) bereits aufgesetzt, das mit dem ISMS verzahnt werden muss.

Die Leitungsebene muss für den Aufbau und Betrieb des integrierten DS & ISMS strategische Eckwerte setzen, organisatorische Rahmenbedingungen schaffen und das Projekt zum Aufbau initiieren und die notwendigen Finanzmittel und Ressourcen zur Verfügung stellen.

Die strategischen Eckwerte leiten sich aus der Unternehmensstrategie ab. Neben allgemeinen Grundsätzen, wie „Gewährleistung des guten Rufs des Unternehmens in der Öffentlichkeit" und „Erhaltung der in Geschäftsprozessen und Technik investierten Werten", werden hier bereits die Schutzziele (siehe Abschn. 3.3), wie Vertraulichkeit, Verfügbarkeit und Integrität und Strategien zur Erreichung dieser Ziele benannt und priorisiert. Wesentlich sind hier Aussagen, was für das Unternehmen von besonderer Bedeutung ist und warum. Hier können bereits die Schutzbedarfskategorien (siehe Abschn. 3.3.2) festgelegt werden. Dies gibt eine Orientierung für die Schutzbedarfsfeststellung im Rahmen der Sicherheitskonzeption. An dieser Stelle ist noch keine detaillierte Analyse des Informationsverbunds und der möglichen Kosten für Sicherheitsmaßnahmen erforderlich.

Um die notwendigen Finanzmittel und Ressourcen initial festzulegen, wird häufig ein Grobkonzept vor dem Aufsetzen des eigentlichen DS & ISMS-Projektes erstellt. Wichtig ist hierbei die Festlegung von allgemeinen Rahmenbedingungen, wie:

- Organisationsstruktur des Unternehmens sowie Reifegrad von Managementsystemen für Risiko- und Qualitätsmanagement
- Einzuhaltende nationale und internationale Gesetze und Bestimmungen, branchenspezifische Sicherheitsstandards und Compliance-Anforderungen
- Festlegung der Vorgehensweise im Projekt, d. h. ob eine Zertifizierung z. B. nach ISO 27001 erfolgen soll, oder ob, wenn nach IT-Grundschutz vorgegangen wird, eine Basis-, Standard- oder Kernabsicherung (siehe Abschn. 2.3) erfolgen soll

- Identifikation der relevanten internen und externen Parteien, wie z. B. interne oder externe Kunden, Dienstleister, Zulieferer, Partner oder Verbände, und die Informationssicherheitsanforderungen an die bzw. von der Organisation durch eine Stakeholder-Analyse
- Aufnahme der wesentlichen Assets des Unternehmens, wie z. B. der wichtigsten Geschäftsprozesse, Fachaufgaben und den dort verarbeiteten Informationen und eingesetzte Informationstechnik, sowie deren Bedarf an Informationssicherheit (siehe Schutzbedarf in Abschn. 3.3.2 und Asset-Management in Kap. 4), die berücksichtigt werden sollen
- Definition des Geltungsbereichs mit allen infrastrukturellen, organisatorischen, personellen und technischen Komponenten, die der Aufgabenerfüllung in einem bestimmten Anwendungsbereich dienen. Dies kann das ganze Unternehmen oder aber auch einzelne Bereiche umfassen.
- Definition des angestrebten Sicherheitsniveaus, den „Risikoappetit", durch z. B. Kriterien im Kontext Risikobewertung (siehe Abschn. 3.4)

▶   Der Geltungsbereich sollte möglichst alle Bereiche, Aspekte und Komponenten des Unternehmens umfassen, die für die Geschäftätigkeit des Unternehmens erforderlich sind. Wenn betrachtete Fachaufgaben oder Geschäftsprozesse von Partnern, wie z. B. Outsourcing, durchgeführt werden, müssen die Schnittstellen klar im Rahmen der Sicherheitskonzeption definiert werden.

Die im Grobkonzept beschriebenen strategischen Eckwerte und ermittelten Rahmenbedingungen bilden die Grundlage für eine Abschätzung und Projektplanung für die Sicherheitskonzeption. Die Inhalte werden bei der Erstellung des Sicherheitskonzepts detailliert. Wenn auf ein Grobkonzept verzichtet wird, kann auf Basis von Erfahrungswerten aus der Branche für die Festlegung von erforderlichen Budgets für die Konzeption des DS & ISMS zurückgegriffen werden.

▶   **Tipp** Das Grobkonzept sollte unter der Leitung des ISB erstellt werden. Um möglichst schnell und umfassend alle relevanten Rahmenbedingungen zu ermitteln, sollte für alle Kerngeschäftsprozesse ein maximal halbtägiges Brainstorming mit den auskunftsfähigen Fachverantwortlichen für den Geschäftsprozess sowie dem entsprechenden IT-Verantwortlichen durchgeführt werden. Ausgehend von den Kerngeschäftsprozessen können dann die relevanten unterstützenden Prozesse und die Informationen ermittelt werden.

Wichtig ist es, besonders kritische Assets in Business und IT in Bezug auf die Schutzziele Vertraulichkeit, Integrität und Verfügbarkeit zu identifizieren. Beispielfragen sind u. a.:

- Welche Geschäftsprozesse, Informationen oder IT-Systeme (die Assets) sind in Bezug auf Vertraulichkeit, Integrität und Verfügbarkeit besonders kritisch für das Unternehmen?
- Hinweis: Häufig reichen hier Gruppierungen, wie z. B. mobile Endgeräte oder Büroarbeitsplatz, völlig aus. Assets mit hohem Schutzbedarf, wie z. B. Serverräume, sind jedoch einzeln aufzuführen.
- Welche der kritischen Assets (siehe Abschn. 3.3) erfordern ein höheres Sicherheitsniveau als „normal"?
- In welchen Prozessen und IT-Systemen werden personenbezogene oder Informationen verarbeitet, deren Vertraulichkeit besonders zu schützen ist?
- Welche kritischen Aufgaben des Unternehmens können ohne IT-Unterstützung nicht, nur unzureichend oder mit erheblichem Mehraufwand ausgeführt werden?
- Welche Auswirkungen haben Sicherheitsvorfälle (siehe Gefährdungen in Abschn. 2.2)?
- Welche gesetzlichen oder vertraglichen Anforderungen (z. B. Datenschutz) erfordern besondere Maßnahmen in welchen Prozessen und IT-Systemen?

Bei den Brainstormings ist die Leitungsebene nicht zwingend erforderlich. Die Ergebnisse der Analyse sollten aber nach einem vorher festgelegten Schema dokumentiert und an die Leitungsebene berichtet werden.

▷ **Übernahme der Gesamtverantwortung für Datenschutz und Informationssicherheit durch die oberste Leitungsebene**
Die oberste Leitungsebene eines Unternehmens ist dafür verantwortlich, dass der Geschäftsbetrieb zielgerichtet und ordnungsgemäß abläuft sowie dass alle gesetzlichen und vertraglichen Anforderungen, wie z. B. GoBS, EU-DSGVO, Basel II oder PCI-DSS, eingehalten werden. Bei Verstößen gegen Compliance-Anforderungen drohen Haft oder Bußgelder wegen Aufsichtspflichtverletzungen gegen geschäftsführende Organmitglieder, negatives Rating, nationale oder internationale Sperre (Blacklist), steuerlich negative Folgen, wie Abzugsverbot oder Schätzung,

Schadensersatzansprüche sowie negative Presseberichterstattung mit enormen Auswirkungen auf den Geschäftserfolg. Die Umsetzung für eine hinreichende Informationssicherheit und Erfüllung der Datenschutzanforderungen ist unabdingbar. Risiken müssen frühzeitig erkannt, behandelt und minimiert werden.

Daher muss die oberste Leitungsebene aufgrund der weitreichenden Konsequenzen der zu treffenden Entscheidungen in vollem Umfang hinter der Informationssicherheits- & Datenschutzinitiative (Projekt und kontinuierlicher Betrieb) stehen. Nach außen sichtbar ist dies durch die Leitlinie zu Informationssicherheit und Datenschutz. Diese muss von der Leitungsebene unterschrieben und in deren Namen veröffentlicht werden. Die Gesamtverantwortung für Informationssicherheit und Datenschutz verbleibt in der Leitungsebene unabhängig davon, ob die Aufgaben an z. B. den Informationssicherheitsbeauftragten (ISB) delegiert werden.

Wenn diese Randbedingung nicht gegeben ist, muss die Leitungsebene kontinuierlich für die Belange der Informationssicherheit sensibilisiert werden, sodass diese zukünftig ihre Verantwortung übernimmt. Parallel kann zunächst versucht werden, die fehlenden Sicherheitsmaßnahmen auf Arbeitsebene umzusetzen. Hierdurch kann zwar eine punktuelle Verbesserung des Sicherheitsniveaus erreicht werden, die Übernahme der Verantwortung durch die Leitungsebene ist jedoch Voraussetzung für ein dauerhaftes Weiterentwickeln des Sicherheitsniveaus.

Nach dem Aufbau des DS & ISMS muss die Leitungsebene den kontinuierlichen Datenschutz- und Informationssicherheitsprozess etablieren, steuern und kontrollieren. Im kontinuierlichen DS & ISMS-Prozess nach Inbetriebnahme informiert sich die Leitungsebene über mögliche Risiken und Konsequenzen aufgrund fehlender Informationssicherheit.

In Abb. 3.4 finden Sie ein Best-Practice-Vorgehen für ein integriertes Instrumentarium. Dieses besteht nach der Initiierung aus den folgenden Schritten:

1. **Datenschutz- und Informationssicherheitsleitlinie und -Organisation**
   Wesentliche Ergebnisse: Leitlinie zur Informationssicherheit und Datenschutz sowie Sicherheits- und Datenschutzorganisation
   Die Leitlinie zur Informationssicherheit & Datenschutz dokumentiert insbesondere die von der Leitungsebene festgelegten Eckwerte und

Abb. 3.4 Vorgehen beim Aufbau eines integrierten DS & ISMS (siehe [6])

Rahmenbedingungen. Dies beinhaltet die Sicherheitsziele, den Anwendungsbereich, das angestrebte Sicherheitsniveau, die Datenschutzpolitik, die Sicherheits- und Datenschutzorganisation sowie zentrale Grundsätze und Verfahren der Informationssicherheit und des Datenschutzes, mit welchen die Ziele erreicht werden sollen. Zudem beinhaltet diese eine Verpflichtung der Mitarbeitenden zur Einhaltung und das Bekenntnis der Leitung, die Informationssicherheit und den Datenschutz aktiv zu unterstützen. Siehe Abschn. 2.2 und Abschn. 2.4.

Die wesentlichen Rollen (wie z. B. der ISB oder DSB), Aufgaben und Verantwortlichkeiten im Datenschutz- und Sicherheitsprozess müssen festgelegt werden. Die Sicherheits- und Datenschutzorganisation muss für Größe und Art des Unternehmens passend sein. Siehe hierzu Abschn. 3.2.

▷   Alle Mitarbeiter und Geschäftspartner des Unternehmens sollten die Inhalte der Sicherheitsleitlinie kennen und nachvollziehen können.

2. **Konzeption vom integrierten Datenschutz- und Informationssicherheitsmanagementsystem**

   Die von der Leitungsebene freigegebene Datenschutz- und Informationssicherheitsleitlinie und Organisation gibt den Rahmen für die Konzeption vor.

Durch Nutzung der Bausteine des IT-Grundschutz-Kompendiums (siehe Abschn. 2.3) kann die Konzeption erheblich vereinfacht und das resultierende Konzept verschlankt werden, da nur auf die entsprechenden Bausteine referenziert werden muss. Für typische Komponenten von Geschäftsprozessen, Anwendungen, IT-Systeme und weiterer Objekte werden im IT-Grundschutz-Kompendium entsprechende Sicherheitsanforderungen nach dem Stand der Technik beschrieben. Diese sind thematisch in Bausteine strukturiert, sodass sie modular aufeinander aufsetzen. Abhängig, ob eine Basis-, Standard- oder Kernabsicherung angestrebt wird, sehen die Aktivitäten etwas anders aus. In Abb. 3.4 finden Sie Aktivitäten für eine Standard-Absicherung.

Bei Anwendung des IT-Grundschutzes wird eine GAP-Analyse (ein Soll-Ist-Vergleich) zwischen den Sicherheitsanforderungen aus den relevanten Bausteinen des IT-Grundschutz-Kompendiums und den vom Unternehmen bereits realisierten Sicherheitsmaßnahmen durchgeführt. Die dabei aufgedeckten Lücken, die Sicherheitsdefizite, sind durch adäquate Sicherheitsmaßnahmen zu beheben.

Nur bei erhöhtem Schutzbedarf muss zusätzlich eine Risikoanalyse unter Beachtung von Kosten- und Wirksamkeitsaspekten durchgeführt werden. In der Regel reicht es hierbei aus, die Sicherheitsanforderungen des IT-Grundschutz-Kompendiums durch entsprechende individuelle, qualitativ höherwertige Maßnahmen zu ergänzen.

> **Wichtig** Vor und während der Konzeption entstehen eine Vielzahl verschiedener Dokumente, wie Konzepte, Richtlinien, Handlungsanweisungen (Verfahrensanweisungen und Arbeitsanweisungen) sowie Berichte. Die Zielgruppen sind durchaus unterschiedlich. Beispiele sind:

- Datenschutz- und Sicherheitsmanagement: Datenschutz- und Sicherheitskonzept, Risikoportfolio und Behandlungsplan sowie Audit- oder Revisionsberichte
- Für technische Experten technische Konzepte und Handlungsanweisungen: IAM-Konzept, Anleitungen für den Wiederanlauf nach einem Sicherheitsvorfall, Test- und Freigabeverfahren oder Installations- und Konfigurationsanleitungen
- Nutzerleitlinie für Mitarbeitende: Grundlegende Aussagen zum Umgang mit Datenschutz und Informationssicherheit im Unternehmen sowie von den Mitarbeitenden umzusetzende Sicherheitsmaßnahmen, wie z. B. Internetnutzungsrichtlinie, Richtlinien für mobiles Arbeiten oder aufgeräumter Arbeitsplatz

- Nachweise für die Leitungsebene: Aufzeichnungen von Management-Entscheidungen, Anforderungen aus Gesetzen und Verträgen mit Nachweis deren Umsetzung (wie z. B. SoA)
- Zertifizierungsrelevante Dokumente entsprechend der angestrebten Zertifizierung: Beispiele sind hier Dokumente zum Risikomanagement, Dokumentenlenkung oder Aufzeichnungen zur Auditierung

Die Dokumente sollten dem Ziel und Zweck angemessen sein. Sie sollten möglichst schlank aber gleichzeitig aussagekräftig gestaltet werden, um „lesbar" zu bleiben. So reichen für bestimmte Bereiche häufig einfache Checklisten oder es können, wenn das IT-Grundschutz-Kompendium genutzt wird, Referenzen auf die Bausteine oder deren Bestandteile, anstelle Kopien von Texten genutzt werden. Dadurch bleibt der Aufwand für die Erstellung in einem angemessenen Rahmen. Wichtig ist bei der Dokumentation auch, dass nachvollzogen werden kann, was entschieden und umgesetzt wurde. Eine hinreichende Dokumentation muss getroffene Entscheidungen nachvollziehbar und DS & ISMS-Prozesse wiederholbar und standardisierbar (Erhöhung Reifegrad) machen. Schwächen und Fehler können so frühzeitig aufgedeckt und dann zukünftig vermieden werden.

Wenn eine Zertifizierung nach ISO 27001 erfolgen soll, dann müssen alle Pflichtdokumente (siehe Abschn. 2.2) im Rahmen der Konzeption erstellt werden. Außer den Pflichtdokumenten ist es nicht erforderlich, eigenständige Dokumente zu erstellen. Es reicht aus, die notwendigen Informationen an eine geeignete Stelle in vorhandenen Texten oder aber einem Wiki zu dokumentieren.

Wesentliche Aktivitäten bei der Konzeption sind abhängig von der gewählten Vorgehensweise (Basis-, Standard- oder Kernabsicherung)[1]:

a. **Asset-Management als Basis für Datenschutz und Informationssicherheit**
   Asset-Management ist die Verwaltung der Werte des Unternehmens (Assets), wie z. B. Informationen, IT-Systeme und Infrastruktur sowie Personen mit

---

[1]Aufgeführte Aktivitäten entsprechen denen der Standard-Absicherung.

deren Wissen und Fähigkeiten, entlang deren Lebenszyklus. Es muss ein Verzeichnis der Werte-Übersicht einer Organisation erstellt werden. Für jedes Asset muss der Eigentümer klar und eindeutig benannt werden. Alle Assets sollten den Bausteinen des IT-Grundschutz-Kompendiums zugeordnet werden. Auf dieser Basis können dann die Auswahl und Priorisierung relevanter Bausteine erfolgen. Durch die Zuordnung erhält man letztendlich, wenn dies entsprechend mit EAM- oder/und CMDB-Werkzeugen gut unterstützt wird (siehe Kap. 4), das IT-Grundschutzmodell des Informationsverbunds frei Haus. Durch die Zuordnung der Assets zu den IT-Grundschutz-Bausteinen, können zudem die den Bausteinen zugeordneten Gefährdungen sowie impliziten qualitativen Risikobewertungen aus dem IT-Grundschutz-Kompendium genutzt werden. So kann für ein Großteil der Assets mit normalem Schutzbedarf auf die Risikoanalyse verzichtet werden (siehe Abschn. 3.4).

Das Asset-Management im Kontext Datenschutz erfolgt entsprechend EU-DSGVO in Form des Verarbeitungsverzeichnisses (siehe Abschn. 2.4). Jede Verarbeitung beinhaltet Verweise zu Assets, wie z. B. Anwendungen, Geschäftsprozessen oder Personengruppen, idealerweise aus dem zentral bereitgestellten und gepflegten Asset-Verzeichnis.

b. **Schutzbedarfsfeststellung** (siehe Abschn. 3.3.2)

Bei der Schutzbedarfsfeststellung wird ermittelt, welcher Schutz für die Geschäftsprozesse und die verarbeiteten Informationen und damit für die unterstützenden Assets, wie z. B. Anwendungen, ausreichend und angemessen ist. Auf dieser Basis kann die Auswahl angemessener Sicherheitsmaßnahmen erfolgen. Wesentlich ist hierbei die Unterscheidung, ob normaler Schutzbedarf oder erhöhter Schutzbedarf (hoch oder sehr hoch, siehe Abschn. 3.3.2) besteht. Bei normalem Schutzbedarf können die Standard-Sicherheitsmaßnahmen aus dem IT-Grundschutz-Kompendium verwendet werden, um eine Standard-Absicherung auf dem Stand der Technik zu erhalten. Hierbei müssen lediglich die für das Unternehmen relevanten Bausteine entsprechend der zu schützenden Assets betrachtet werden. Wenn zu schützende Assets nicht über IT-Grundschutz-Bausteine abgedeckt werden, muss ebenso eine dedizierte Risikoanalyse (siehe Abschn. 3.4) durchgeführt werden.

c. **Datenschutz- und Sicherheitskonzept für normalen Schutzbedarf**

Vorbereitung: In der Datenschutz- und Sicherheitskonzeption werden die Anforderungen aus z. B. ISO 27001, EU-DSGVO und weiteren gesetzlichen oder vertraglichen Anforderungen, zu den konsolidierten Kontrollen für die Informationssicherheit und den Datenschutz des Unternehmens konsolidiert und diesen die erforderlichen Standard-Sicherheitsmaßnahmen (für normalen

Schutzbedarf) zugeordnet. Dies kann sehr gut mit einem erweiterten SoA-Template (siehe Abschn. 2.2) mit allen festgelegten Kontrollen, Verantwortlichkeiten und der Zuordnung zu den relevanten IT-Grundschutz-Bausteinen und empfohlenen Standard-Sicherheitsmaßnahmen aus dem IT-Grundschutz und dem SDM erfolgen. Das Standard-Datenschutzmodell (siehe SDM [7]) bietet eine gute Grundlage für die Datenschutzaspekte mit u. a. generischen Maßnahmen zur Umsetzung der Gewährleistungsziele sowie einen Maßnahmenkatalog.

GAP-Analyse und Dokumentation: Mittels Interviews mit den Verantwortlichen und Experten sowie Stichproben wird die Art und Weise und der Status der Umsetzung in einem Soll-Ist-Vergleich erhoben und in der SoA dokumentiert.

Für alle festgelegten Kontrollen in der SoA muss eine GAP-Analyse durchgeführt werden. Hier wird überprüft, ob die festgelegten Anforderungen aus z. B. ISO 27001 auf der Basis von IT-Grundschutz und die Datenschutzanforderungen bereits ganz oder teilweise umgesetzt sind und welche Sicherheitsmaßnahmen noch fehlen. Für die bisher nicht erfüllten Anforderungen müssen geeignete Sicherheitsmaßnahmen festgelegt werden. Auch hier kann u. a. auf die Umsetzungshinweise des IT-Grundschutz-Kompendiums zurückgegriffen werden. Für Details sei auf [6] verwiesen.

d. **Risikomanagement für Objekte mit erhöhtem Schutzbedarf** (siehe Risikomanagement in Abschn. 3.4)

Für alle Objekte aus dem Asset-Register mit erhöhtem Schutzbedarf oder Objekten, die nicht über Bausteine aus dem IT-Grundschutz hinreichend abgedeckt sind, muss eine Risikobetrachtung durchgeführt werden. Hierzu werden mögliche Risiken über unter anderem Gefährdungsszenarien identifiziert, eingeschätzt und Risikobehandlungsoptionen entschieden. Ergebnis ist ein Risikoportfolio (siehe Abb. 3.7) und ein Risikobehandlungsplan, der idealerweise integriert in das übergreifende Risikomanagement des Unternehmens durch die Leitungsebene freigegeben wird. In dem Risikobehandlungsplan sind erweiterte Sicherheitsmaßnahmen inklusive Aufwänden und einer Umsetzungsplanung enthalten.

e. **Erweiterung und Konsolidierung der Sicherheitskonzeption**

Integration der zusätzlichen Maßnahmen aus dem Risikobehandlungsplan in das Sicherheitskonzept und Konsolidierung mit allen technischen und organisatorischen Maßnahmen aus dem Datenschutzkonzept zum integrierten Datenschutz- und Informationssicherheitskonzept mit allen technischen, organisatorischen, personellen und baulichen Maßnahmen.

Die zusätzlichen oder konsolidierten Maßnahmen müssen in dem erweiterten SoA-Excel inklusive des Umsetzungsstatus und der anderen Informationen gepflegt werden. Überaus wichtig ist es, notwendige realisierungsbegleitende Basis-Anforderungen, wie beispielsweise Schulungen, rechtzeitig zu konzipieren und für die Umsetzung sowie die Inbetriebnahme mit einzuplanen.

3. **Umsetzen der Konzeption für das integrierte DS & ISMS und in Betrieb nehmen**

Alle offenen Maßnahmen der konsolidierten Datenschutz- und Informationssicherheitskonzeption (Basis erweitertes SoA-Excel) sind von den jeweils Verantwortlichen umzusetzen. Der Verantwortliche für die Informationssicherheit überwacht dies und berichtet kontinuierlich den Status quo an die Leitungsebene. Zudem muss dies nach dem Aufbau des DS & ISMS in die Linienorganisation überführt werden.

Informationssicherheit und Datenschutz muss gelebt werden. Um das Sicherheitsniveau aufrechtzuerhalten und kontinuierlich verbessern zu können, müssen nicht nur die erforderlichen Sicherheitsmaßnahmen umgesetzt und fortlaufend aktualisiert werden, sondern auch der gesamte Datenschutz- und Informationssicherheitsprozess regelmäßig auf seine Wirksamkeit und Effizienz hin überprüft werden. Hierzu sind geeignete KPIs festzulegen (siehe [3]).

Ein funktionierendes Datenschutz- und Sicherheitsmanagement muss in die existierenden Managementstrukturen des Unternehmens eingebettet werden.

3.2   DS & ISMS-Organisation

Um das angestrebte Sicherheitsniveau zu erreichen, ist eine adäquate DS & ISMS-Organisation erforderlich, die von der Größe, Art und Struktur des Unternehmens abhängt. Unternehmensindividuell müssen Rollen mit klaren Verantwortlichkeiten und Kompetenzen sowie Gremien festgelegt und in der Organisation verankert werden. Diese Rollen müssen dann qualifizierten Mitarbeitern übertragen werden. Hierbei können verschiedene Rollen auch von den gleichen Personen wahrgenommen werden. Die personelle Ausgestaltung richtet sich nach der Größe, Art und Struktur der Organisation sowie den vorhandenen Ressourcen und des angestrebten Sicherheitsniveaus.

Die Gesamtverantwortung für die ordnungsgemäße und sichere Aufgabenerfüllung im Kontext Datenschutz und Informationssicherheit verbleibt bei der Leitungsebene. Die Aufgaben können jedoch delegiert werden.

▷   **Grundregeln für die DS & ISMS-Organisation**

- Die Gesamtverantwortung für die Informationssicherheit verbleibt bei der Leitungsebene.
- Es ist mindestens eine Person (typischerweise der Informationssicherheitsbeauftragter) als „Kümmerer" für den Informationssicherheitsprozess zu benennen.
- Jeder Mitarbeiter ist gleichermaßen für seine originäre Aufgabe wie für die Aufrechterhaltung der Informationssicherheit an seinem Arbeitsplatz und in seiner Umgebung verantwortlich (siehe BSI-Standard 200.2).

Wesentliche Rollen in der DS & ISMS-Organisation sind:

- **Informationssicherheitsbeauftragter** (ISB) ist der zentrale Ansprechpartner für Förderung, Koordination, Verwaltung und Kommunikation des Informationssicherheitsprozesses. Andere Benennungen sind CISO (Chief Information Security Officer) oder Informationssicherheitsmanager (ISM). Seine Hauptaufgabe besteht darin, die Leitungsebene bei deren Aufgabenwahrnehmung im Kontext Informationssicherheit zu beraten und diese bei der Umsetzung zu unterstützen. Im Einzelnen sind dies folgende Aufgaben:
  - Steuerung des Informationssicherheitsprozesses
  - Unterstützung der Leitungsebene bei der Erstellung und Aktualisierung der Informationssicherheitsleitlinie
  - Erstellung des Sicherheitskonzepts und des Konzepts für das Notfallmanagement
  - Koordination der Erstellung von allen erforderlichen Konzepten im Kontext Informationssicherheit sowie Erlassen von Richtlinien und Regelungen zur Informationssicherheit
  - Realisierung von Sicherheitsmaßnahmen initiieren und überprüfen sowie sicherheitsrelevante Projekte koordinieren
  - Sicherheitsvorfälle verfolgen, eskalieren und mit dem Notfallmanagement und Risikomanagement verzahnen
  - Berichterstattung an die Leitungsebene und dem DS & ISMS-Management über den Status quo der Informationssicherheit
  - Sensibilisierungs- und Schulungsmaßnahmen zur Informationssicherheit initiieren und koordinieren

- **Datenschutzbeauftragter** (DSB) ist der zentrale Ansprechpartner für Daten-schutzfragen im Unternehmen und sorgt für eine angemessene Umsetzung und eine ausreichende Kontrolle des Datenschutzes. Er wird von der Leitungs-ebene bestellt und berichtet direkt an diese. Nach Bestellung hat er ein Ein-beziehungsrecht in alle datenschutzrelevanten Vorgänge.

Als DSB kann er nur bestellt werden, wenn die zur Erfüllung seiner Aufgaben erforderliche Fachkunde vorhanden ist und die jeweiligen gesetzlichen Rege-lungen (insbesondere EU-DSGVO, siehe Abschn. 2.4) und die für das Unter-nehmen gesetzten Vorgaben bekannt und sicher angewendet werden können. Er arbeitet eng mit dem ISB zusammen.

Er hat u. a. folgende Aufgaben:

- Unterstützung der Leitungsebene, ihre Verantwortung in der Wahrung des Persönlichkeitsschutzes wahrzunehmen. Es gilt Zwischenfälle zu ver-meiden, die dem Ansehen des Unternehmens abträglich sind.
- Einhaltung der Vorschriften der EU-DSGVO überwachen sowie Beratung und Kontrolle
- Beitrag leisten, dass sein Unternehmen den Erfordernissen des Daten-schutzes entsprechend EU-DSGVO Rechnung trägt
- Beratung der Leitenden und Ansprechpartner für alle Mitarbeiter in Daten-schutzfragestellungen
- Gemeinsam mit den Beteiligten bei Schwachstellen und Versäumnissen nach angemessenen Lösungen suchen
- Sensibilisierung und Schulung im Kontext Datenschutz

Der ISB und auch der DSB müssen über Wissen und Erfahrung auf den Gebieten der Informationssicherheit, IT und Datenschutz verfügen. Wesentlich sind aber auch insbesondere Kommunikations-, Kooperations-und Teamfähigkeit, Durch-setzungsvermögen, Projektmanagement-Skills und grundlegende Kenntnisse über alle relevanten Prozesse, Fachaufgaben und Grundkenntnisse im IT- und IoT-Be-reich sowie das kontinuierliche Lernen von neuen Gebieten und Entwicklungen; insbesondere in der IT.

Der ISB ist, ebenso wie der DSB, in der Regel als Stabstelle organisiert. Die beiden Rollen können auch in Personalunion übernommen werden. Auf Leitungs-ebene sollte die Aufgabe der Informationssicherheit und des Datenschutzes ein-deutig einem verantwortlichen Manager zugeordnet sein, an den der ISB und DSB berichtet.

In größeren Institutionen gibt es typischerweise mehrere Personen, die ver-schiedene Teilaufgaben der Informationssicherheit und des Datenschutzes über-nehmen. Diese regeln alle übergreifenden Belange des Datenschutzes und der

Informationssicherheit und erarbeiten Pläne, Vorgaben und Richtlinien. Dies wird im Folgenden DS & IS-Team genannt. Das DS & IS-Team setzt sich aus den Personen zusammen, die alle wesentlichen Fach- und IT-Kenntnisse inklusive IoT-Systeme abdecken und die unterschiedlichen Aufgaben und Geschäftsprozesse innerhalb des Anwendungsbereichs kennen.

So gibt es häufig in großen Unternehmen neben dem ISB auch einen dedizierten Beauftragten für IT-Sicherheit (IT-SiBe). Dieser ist dann typischerweise im IT-Bereich angesiedelt, während der ISB unmittelbar der Leitungsebene unterstellt ist. Der ISB kümmert sich um die Absicherung aller Art von Informationen und nicht nur um IT-bezogene Aspekte.

Zudem gibt es ggf. einen Sicherheitsbeauftragten für den Bereich der industriellen Steuerung (ICS-ISB) sowie einen Sicherheitsbeauftragten für Arbeitsschutz, Betriebssicherheit oder Werkschutz und für große Projekte einen Projekt-Informationssicherheitsbeauftragten.

Da Informationssicherheit und Datenschutz Einfluss auf nahezu alle Bereiche des Unternehmens haben, müssen diese in der Organisation verankert werden. Bei allen Durchführungs-, Planungs- und Entscheidungsprozessen müssen Informationssicherheit und Datenschutz berücksichtigt werden. So sind z. B. bei Marketing-, Projekt- oder Sourcing-Entscheidungen die gesetzlichen und unternehmensspezifischen Vorgaben für den Umgang mit personenbezogenen Daten einzuhalten.

Über einen DS & IS-Koordinierungsausschuss (siehe Abb. 3.5) kann sowohl der Aufbau als auch die kontinuierliche Weiterentwicklung des DS & ISMS gesteuert und das Notfallmanagement aktiv unterstützt werden. Für das Notfallmanagement ist auch eine Marktkommunikation, Corporate Kommunikation sowie für die Klärung eventueller Rechtsfragen die Rechtsabteilung erforderlich.

Der IS-Koordinierungsausschuss sollte die unterschiedlichen Aufgabenbereiche einer Institution widerspiegeln. Im IS-Koordinierungsausschuss sollten mindestens folgende Rollen vertreten sein:

- ein IT-Verantwortlicher
- der Informationssicherheitsbeauftragte
- Vertreter der Anwender (die IT-Koordinatoren in Abb. 3.5)

Da häufig auch personenbezogene Daten betroffen sind, sollte der Datenschutzbeauftragte ebenfalls Mitglied des IS-Koordinierungsausschusses sein. Wenn die Institution einen ICS-Informationssicherheitsbeauftragten hat, sollte auch dieser im IS-Koordinierungsausschuss vertreten sein. Gibt es in der Institution bereits ein ähnliches Gremium, könnten dessen Aufgaben entsprechend erweitert werden. Um die Bedeutung der Informationssicherheit zu unterstreichen, ist es

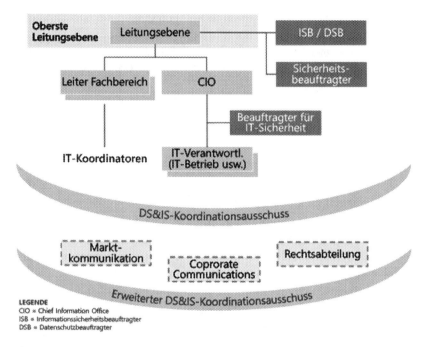

Abb. 3.5 Beispiel DS & ISMS-Organisation (siehe [6])

jedoch ratsam, einen IS-Koordinierungsausschuss einzurichten und diesen regelmäßig einzuberufen.

Wesentlich für die Wirksamkeit von Datenschutz und Informationssicherheit ist die Verankerung in der Organisation. Vorhandene Rollen und Prozesse sind einzubeziehen oder zu integrieren. Insbesondere ist die Integration in das übergreifende Notfallmanagement (siehe [6]) und Risikomanagement (siehe Abschn. 3.4) für die Sicherstellung des gesetzten Sicherheitsniveaus unerlässlich, um Sicherheitsvorfälle in geordneter Art und Weise zu behandeln.

Da ein Großteil der Prozesse und Informationen nur noch mit IT-Unterstützung funktionieren, ist der sichere Betrieb von IT-Systemen und Netzen ein wesentlicher Bestandteil der Informationssicherheit und des Datenschutzes. Eine enge Zusammenarbeit mit dem IT-Betrieb und ein regelmäßiger Abgleich über Vorgehensweisen, aktuellen Gefährdungen und neu umzusetzenden Sicherheitsanforderungen ist erforderlich. Hierfür wird häufig die Rolle des IT-Sicherheitsbeauftragten (IT-SiBe) genutzt.

Häufig wird auch auf externe Sicherheitsexperten zurückgegriffen, da das erforderliche Know-how oder die Ressourcen im Unternehmen nicht vorhanden sind.

Für den Kontext Cyber-Security gibt es in der Regel weitere Organisationseinheiten, wie z. B. ein Computer Emergency Response Team (CERT; deutsch Computersicherheits-Ereignis- und Reaktionsteam) oder Computer Security Incident Response Team (CSIRT) besetzt mit IT-Sicherheitsfachleuten, die bei er Lösung von konkreten Sicherheitsvorfällen (z. B. bei gezielten Angriffen oder Bekanntwerden neuer Sicherheitslücken in bestimmten IT-Systemen) mitwirken. Sie liefern einerseits Warnungen vor Sicherheitslücken oder bieten Lösungsansätze an. Diese Ansätze sollten in der Prävention genutzt werden.

Im Rahmen der Festlegung der DS & ISMS-Organisation müssen auch die Informationsfluss- und Meldewege (kurz Kommunikationsplan) festgelegt werden. Hierzu muss festgelegt werden, welche Personen mit welchen internen und externen Stellen wann und wie über welche Inhalte und über welche Kommunikationskanäle kommunizieren und wie die Kommunikation in Abhängigkeit von der Informationsklassifizierung geschützt ist. Häufig erfolgt dies in einer Richtlinie für den Informationsfluss und zu den Meldewegen.

3.3 Schutzziele und Schutzbedarfsfeststellung

Aufgabe der Informationssicherheit ist der angemessene Schutz der Grundwerte Vertraulichkeit, Integrität und Verfügbarkeit von Informationen sowie erweiterter Grundwerte, wie der Authentizität und Nichtabstreitbarkeit als Spezialfälle der Integrität. Im Bereich Datenschutz werden, im Rahmen des Standard-Datenschutzmodells (siehe [7]), weitere Grundwerte herangezogen, nämlich Datenminimierung, Intervenierbarkeit (als technische Gestaltung von Verfahren zur Ausübung der Betroffenenrechte), Transparenz und Nichtverkettung (als Sicherung der Zweckbindung).

Die Feststellung der zu schützenden Werte (Assets) und deren Schutzbedarf ist fundamental für ein wirksames ISMS. Über ein geeignetes **Asset-Management** müssen alle für das Unternehmen unter Schutzbedarfsgesichtspunkten relevanten Assets, wie z. B. Geschäftsprozesse, Fachaufgaben (Business Capabilities), Informationen, IT-Systeme, Netzkomponenten, Gebäude und Räume vollständig aufgenommen werden. Alle Assets, die für die Durchführung der Geschäftsprozesse im Anwendungsbereich wesentlich sind, müssen hier betrachtet werden. Neben direkten Abhängigkeiten sind hier auch transitive Abhängigkeiten zu berücksichtigen.

Für jedes zu schützende Asset muss festgelegt werden, welche Auswirkungen der Verlust von Vertraulichkeit, Integrität und Verfügbarkeit (sowie der anderen in der Datenschutz- und Sicherheitsleitlinie festgelegten Schutzziele) hat. Ein Schutzziel ist eine Anforderung an ein Asset, das zum Schutz des Assets erfüllt werden muss. Die typischen Schutzziele sind dabei Vertraulichkeit, Integrität und Verfügbarkeit. Je nach Anwendungsfall kann es hilfreich sein, weitere Grundwerte in die Betrachtungen einzubeziehen.

Diese Schutzziele müssen von den für die Assets Verantwortlichen bezüglich ihres Schutzbedarfs eingeschätzt werden. Vertraulichkeit und Integrität bezieht sich hierbei auf Daten und Verfügbarkeit auf Systeme.

3.3.1 Schutzziele

Nun schauen wir uns insbesondere die typischen Schutzziele Vertraulichkeit, Integrität und Verfügbarkeit etwas detaillierter an.

Vertraulichkeit

Vertraulichkeit ist der Schutz vor unbefugter Preisgabe von Informationen. Informationen sollen nur wirklich den Personenkreis erreichen, für die sie bestimmt sind. Informationen dürfen lediglich von autorisierten Personen gelesen oder verändert werden. Dies gilt sowohl beim Zugriff auf gespeicherte Daten, Dokumente wie auch während der Datenübertragung. Hierzu muss der Zugriff zu den Informationen klar über z. B. ein Identity- und Berechtigungsmanagement geregelt und z. B. über Verschlüsselung die Übertragung abgesichert werden. Bei einer wirksamen Verschlüsselung können die verschlüsselten Informationen auch, wenn Unberechtigte diese abgreifen, ohne den verwendeten Schlüssel nicht interpretiert und damit nicht genutzt werden.

▶   Von besonderer Bedeutung ist die Informationsklassifizierung, da hierdurch der Wert der unterschiedlichen Arten von Informationen für das Unternehmen verdeutlicht wird. Die Klassifizierung von Informationen ist die Grundlage, um diese Informationen angemessen zu schützen.

Eine wesentliche Grundlage zur Erreichung eines bedarfsgerechten Informationssicherheitsniveaus bilden die Informationsklassifizierung und die Kennzeichnung von Informationen. Sie haben den Zweck, Informationen abhängig vom Wert für ein Unternehmen in verschiedene Klassifizierungsstufen einzuordnen. Typische Ausprägungen sind: „streng vertraulich", „vertraulich", „dienstlich" und „öffentlich". In Tab. 3.1 finden Sie ein Beispiel für eine Informationsklassifizierung. Bei der Informationsklassifizierung werden die möglichen Auswirkungen (potenzielle Schäden) für ein Unternehmen für den Fall bewertet, dass Informationen ungewollt einem unberechtigten Empfängerkreis offengelegt werden.

Eine ordnungsgemäße Kennzeichnung ist eine Voraussetzung dafür, dass Informationen richtig behandelt werden. Dies gilt ebenso für Daten in einem IT-System wie für Dokumente. Neben dem Ersteller müssen sowohl Empfänger als auch Verarbeiter von Informationen die Klassifizierungsstufen und die damit verbundenen Anforderungen zum Umgang mit diesen Informationen kennen, verstehen und anwenden. Insbesondere bei der Weitergabe von vertraulichen und streng vertraulichen Informationen über Unternehmensgrenzen hinweg (z. B. an Lieferanten) ist eine Kennzeichnung zwingend erforderlich.

Ein Beispiel ist die elektronische oder physische Dokumentenablage. Hier muss jeweils die Vertraulichkeit entsprechend der Vertraulichkeitsstufe sichergestellt werden. So kann z. B. im Personalwesen die Vertraulichkeit der Personalakte durch „Verschluss" von Räumen und/oder Schränken umgesetzt werden.

Ein weiteres Beispiel sind E-Mails mit Informationen, die vertraulich zu behandeln sind. Wichtig ist hier die Verschlüsselung bei der Übertragung. Es ist erstrebenswert, alle Informationen entlang ihres gesamten Lebenszyklus entsprechend ihrer Vertraulichkeit zu kennzeichnen, um diese angemessen schützen zu können.

Auch Dokumente beinhalten Informationen unabhängig von ihrer elektronischen, physischen oder sonstigen Speicherungsform. Beispiele für Dokumente sind Verträge oder Protokolle. Diese können in Papierform oder elektronisch als pdf-, Word-, Excel-Dokument, E-Mails oder in einem anderen Format vorliegen. Auch Dokumente sollten unternehmenseinheitlich entsprechend ihrer Vertraulichkeit gekennzeichnet werden. Dies erfolgt über die Dokumentenlenkung. Die Dokumentenlenkung regelt die Erstellung, Pflege und den Freigabeprozess von Dokumenten sowie deren zentrale Steuerung. Damit soll sichergestellt werden, dass alle Unterlagen versioniert auf dem gültigen Stand und an den Stellen verfügbar sind, wo sie gebraucht werden. Wesentliche Festlegungen im Kontext einer Dokumentenlenkung sind:

- Eindeutige Bezeichnung des Dokumentes mit u. a. einem aussagekräftigen Titel
- Einheitlich festgelegter Änderungsmanagement- und Freigabeprozess und Kennzeichnung des Dokumentes mit dem klar definierten Status (wie z. B. Entwurf und Freigegeben)

Tab. 3.1 Beispiel Informationsklassifizierung

Klassifikation	Gefahrenpotenzial	Erläuterung	Beispiel
Öffentlich	Informationen, deren Bekanntwerden kein oder ein nur sehr geringes Risiko darstellt	Diese Informationen sind ohnehin der Öffentlichkeit bekannt	Informationen auf einer öffentlichen Webseite, wie z. B. Pressemitteilungen
Dienstlich	Informationen, deren Bekanntwerden dem Unternehmen Schaden in geringem Umfang zufügen kann	Diese Informationen sind allen Mitarbeitern des Unternehmens bekannt	Organigramme und Telefonbuch
Vertraulich	Informationen, deren Bekanntwerden dem Unternehmen größeren Schaden zufügen kann	Diese Informationen sind auf z. B. ein Projektteam, eine Abteilung oder einen Bereich begrenzt	Vertrauliche Projektinformationen oder unveröffentlichte Geschäftszahlen
Streng vertraulich	Informationen, deren Bekanntwerden dem Unternehmen sehr großen Schaden zufügen kann	Über diese Informationen verfügt in der Regel ein nur sehr kleiner Personenkreis, wie z. B. die Geschäftsführung	Produktneuentwicklung oder Geschäftsstrategie oder Planung bzgl. Fusion

- Einheitliches Schema für die Kennzeichnung der Vertraulichkeit und des Status sowie Version und Revision
- Nachvollziehbare Änderungshistorie entsprechend Festlegungen im Änderungsmanagement inklusive Ersteller, Autor und Status und ggf. Versions- oder Revisions-Angabe, wenn dies Teil der Benennung und Kennzeichnung von Dokumenten ist
- Freigabeinformation mit „am" und „durch"
- Angabe Dokumenten-Owner
- Klare Verantwortlichkeiten für die Erstellung und für die Freigabe eines Dokumentes
- Berechtigte Rollen (Verteilerkreis)
- Nächste geplante Überarbeitung sowie Aufbewahrungszeitraum und Löschfristen

Der Zugriff auf Dokumente muss auf die berechtigten Personen beschränkt werden, die die enthaltenen Informationen für ihre Aufgabenerfüllung benötigen. Maßgabe für die Festlegung sollte das „Need-to-know-Prinzip" sein. Häufig ist daher auch eine Modularisierung von Dokumenten empfehlenswert, wenn ein Personenkreis lediglich Teilausschnitte für ihre Aufgabenerfüllung benötigen.

▶ Jedes Unternehmen sollte über ein Dokumentenregister verfügen, in dem die Dokumente mit deren Zweck, Kennzeichnung und Art (z. B. Papier oder elektronisch) sowie Aufbewahrungszeiträumen und Löschfristen einschließlich der vertraglichen oder gesetzlichen Grundlagen transparent werden. Die Löschfristen können zu Löschklassen für ein vereinfachtes Management zusammengefasst werden (siehe Abschn. 2.4). Hier können dann technische oder organisatorische Maßnahmen für die korrekte und vollständige Vernichtung oder Rücknahme ansetzen.

Durch die Klassifizierung von Informationen und insbesondere durch die Kennzeichnung von Dokumenten wird der Datenmüll reduziert, da z. B. aktuelle Dokumentversionen schnell identifiziert werden können.

Integrität
Integrität stellt die Unverfälschtheit einer Information und den Schutz vor unautorisierten Änderungen sicher. Integrität adressiert Korrektheit (Unversehrtheit) von Daten und der korrekten Funktionsweise von Systemen. Daten dürfen nicht unbemerkt verändert werden und alle Änderungen müssen einschließlich

Zeitpunkt der Änderung nachvollziehbar sein. Der Schwerpunkt liegt hier auf der Nachvollziehbarkeit von Änderungen und Korrektheit der Informationen. Gefälschte oder verfälschte Daten können zu falschen Lieferungen, Produktionsstillständen oder fehlerhaften Produkten führen.

Die Integrität umfasst hierbei sowohl die Korrektheit der Daten (Datenintegrität) als auch die korrekte Funktionsweise des Systems (Systemintegrität). Man kann hier zudem zwischen einer starken und einer schwachen Integrität unterscheiden. Bei einer starken Integrität besteht keine Möglichkeit der unbefugten Datenmanipulation, d. h. Anlegen, Verändern oder Löschen von Daten. Bei einer schwachen Integrität darf keine Datenmanipulation unbemerkt erfolgen. Mittel zur Realisierung von Integrität sind beispielsweise Message Authentication Codes (MAC).

Ein Beispiel für Integritätsverletzungen sind geteilte Benutzerkonten, wenn mehrere Benutzer die gleichen Benutzerkonten z. B. aus Lizenzgründen verwenden. Da jedes Mal die gleiche digitale Identität genutzt wird, ist nicht erkennbar, wer welche Änderungen vorgenommen hat.

Ein anderes Beispiel sind Analysedaten und Marktforschungsdaten. Wenn die Integrität der Daten verletzt wird, kann man sämtlichen Daten nicht mehr trauen. Die Daten sind dann quasi wertlos.

Typische Ausprägungen für den Schutzbedarf in Bezug auf Integrität sind „sehr hoch", „hoch", „mittel" und „gering". Beispielausprägungen sind:

- gering: Da unbefugte bzw. fehlerhafte Datenänderungen kein nennenswertes Risiko darstellen, sind zum Schutz der Datenintegrität in der Anwendung keine besonderen Maßnahmen erforderlich.
- mittel: Es sind Maßnahmen zum Schutz der Datenintegrität notwendig (z. B. Lese- und Schreibrechte müssen durch die Anwendung unabhängig voneinander vergeben werden können).
- hoch: Es sind zusätzlich erweiterte technische Maßnahmen (z. B. Prüfsummen) oder eine manuelle Kontrolle von kritischen Prozessschritten mittels Vier-Augen-Prinzip (z. B. Revisionsliste) für den Schutz der Datenintegrität durchzuführen.
- sehr hoch: Es sind über die Sicherheitsmaßnahmen für Einstufung „hoch" noch weitere Maßnahmen zum Schutz der Datenintegrität zu ergreifen.

Verfügbarkeit

Verfügbarkeit beschreibt den Grad der unterbrechungsfreien Funktionserfüllung von IT-Systemen (Betriebskontinuität). Wesentliche Geschäftsprozesse und Informationen müssen entsprechend der Anforderungen an die Verfügbarkeit bereitstehen. Verfügbarkeit ist dabei das Verhältnis der Zeit, in dem das System tatsächlich zur Verfügung stand und der vereinbarten Zeit (Service Level Agreement, SLA), in dem das System zu Verfügung stellen sollte. Angestrebt werden dabei 100 %, was aber, wenn überhaupt nur mit sehr hohen Kosten zugesichert werden kann. In der Regel enthalten SLAs auch Festlegungen über z. B. Strafzahlungen, falls die vereinbarte Verfügbarkeit nicht erreicht wird.

Bei hohen Verfügbarkeitsanforderungen gilt es Systemausfälle durch zuverlässige Systeme trotz z. B. Denial of Service Angriffen zu verhindern, da ansonsten der Zugriff auf Daten nicht mehr gewährleistet ist und die Systemfunktionen nicht genutzt werden kann. So können z. B. bei einem Online-Versandhandel keine Bestellungen mehr getätigt werden. In Abhängigkeit von der Ausfallzeit kann dies zu einem erheblichen Schaden führen.

Typische Ausprägungen für den Schutzbedarf in Bezug auf Verfügbarkeit sind „sehr hoch", „hoch", „mittel" und „gering". Diesen werden in der Regel mindestens zu erreichende Verfügbarkeiten, wie z. B. bei sehr hoch „99,9 %" zugeordnet. Beispiel Verfügbarkeitsstufen:

- sehr hoch: Verfügbarkeit von 99,9 % oder mehr
- hoch: Verfügbarkeit von 99 % oder mehr
- mittel: Verfügbarkeit von 95 % oder mehr
- gering: Verfügbarkeit von weniger als 90 %

Die Verfügbarkeitsstufen sind individuell festzulegen.

Der **Wiederherstellung** und der **Wiederanlauf** eines Systems muss möglichst schnell erfolgen und alle Daten müssen auf dem aktuellsten Stand zugreifbar sein. Dies wird häufig als Recovery oder Notfallwiederherstellung bezeichnet. Hier rücken im Kontext von möglichst unterbrechungsfreien Geschäftsabläufen Parameter, wie die Wiederanlaufzeit (Recovery Time Objective, RTO) und der Wiederanlaufpunkt (Recovery Point Objective, RPO), in den Fokus.

Die **Wiederherstellzeit** (RTO) gibt an, wieviel Zeit vom Zeitpunkt des Vorfalls bis zur vollständigen Wiederherstellung der Daten und Funktionalitäten/Services vergehen darf. Die Wiederherstellung kann hierbei die Datenwiederherstellung inklusive gegebenenfalls der Nacharbeitung von Daten, das Ersetzen nicht mehr benutzbarer Hardware, die Installation und Konfiguration von Software sowie die Wiederaufnahme des Produktivbetriebs eines oder mehrerer Systeme umfassen.

Der **Wiederanlaufpunkt** (RPO) ist der maximal tolerierbare Zeitraum, in dem Daten verloren gehen können. Nach dieser Zeit ist es z. B. nicht mehr möglich, einen konsistenten Datenbestand sicherzustellen. Dies hängt z. B.

am Datenvolumen, das während des Ausfalls aufläuft, und Abhängigkeiten zu Umsystemen. Letztendlich ist die RPO die Zeitspanne der letzten Datensicherung bis zum Vorfall bzw. Wiederanlaufzeitpunkt. Die Häufigkeit von Backups ist hier entscheidend. Beispielausprägungen für die Wiederherstellzeit und Wiederanlaufzeit:

- Wiederherstellzeit (RTO): Festgesetzte Sollzeit für die Wiederaufnahme eines Produkts, Services oder Leistungserbringung nach einem Vorfall
- „>24 Stunden", „<24 Stunden", „<4 Stunden", „<30 min", „<5 min"
- Wiederanlaufpunkt (RPO): Maximal tolerierbare Zeitraum, in dem Daten verloren gehen können
- „max. 1 Woche", „<24 Stunden", „<8 Stunden", „<1 Stunde", „<5 min"

In einer **Geschäftsauswirkungsanalyse** (Business Impact Analyse, BIA) werden Auswirkungen von Unterbrechungen von Geschäftsaktivitäten analysiert und Geschäftskontinuitäts- und Wiederaufnahmeprioritäten, d. h. RTO und RPO, festgelegt.

Folgende Fragen sind u. a. hierbei zu stellen:

- RTO: Wie lange darf ein Geschäftsprozess/System ausfallen?
- RPO: Wie viel Datenverlust kann in Kauf genommen werden?

Weitere Schutzziele

Neben den CIA-Schutzzielen Vertraulichkeit, Integrität und Verfügbarkeit (C – Confidentiality, I – Integrity, A – Availability) gibt es noch eine ganze Reihe weiterer möglichen Schutzziele, wie z. B. die Authentizität, (Nicht-)Abstreitbarkeit oder Zurechenbarkeit und Privatsphäre:

- **Authentizität:** Echtheit und Glaubwürdigkeit einer Person oder eines Dienstes müssen überprüfbar sein. Unter Authentizität versteht man, sowohl einen Identitätsnachweis (der Kommunikationspartner ist der, für den er sich ausgibt) als auch die Authentizität der eigentlichen Daten (erhaltene Daten stammen auch tatsächlich von der authentisierten Instanz).
- **Nichtabstreitbarkeit** (auch Verbindlichkeit genannt, Non-Repudiation): Hier geht es darum, dass eine Kommunikation im Nachhinein nicht von einer der beteiligten Instanzen gegenüber Dritten abgestritten werden kann.
- **Zurechenbarkeit:** Die Zuordenbarkeit zum Nutzer muss gegeben sein. Hier ergibt sich insbesondere ein enges Zusammenspiel zwischen Zurechenbarkeit und Nichtabstreitbarkeit.

- **Privatsphäre:** Der Begriff Privatsphäre ist im IT-Kontext eng verwandt mit dem Datenschutz. Es geht darum, dass Teile oder sämtliche Kommunikationsvorgänge eines Nutzers geheim gehalten werden. Erreicht werden kann dies unter anderem durch die Gewährleistung der Anonymität, bei der die Identität des Nutzers nicht offengelegt wird. Bei der Pseudonymität bleibt der Nutzer zwar weiterhin identifizierbar, allerdings nicht unter seiner wahren Identität.

Gerade die Authentizität gewinnt in den letzten Jahren mit zunehmender Digitalisierung an Bedeutung. Ungesicherte digitale Willenserklärungen können falschen Personen zugeordnet werden, die „digitale Identität" wird gefälscht.

Datenschutz ist der Schutz personenbezogener Daten vor etwaigen Missbrauch durch Dritte. Datenschutz soll den Einzelnen davor schützen, dass er durch den Umgang mit seinen personenbezogenen Daten in seinem Persönlichkeitsrecht beeinträchtigt wird. Folgende Aspekte sowie Schutz- bzw. Gewährleistungsziele aus dem Kontext Datenschutz (siehe SDM [7]) sind zu beachten:

- **Datenminimierung:** Es werden nicht mehr und nicht andere Daten erhoben als vom Verarbeitungsweck abgedeckt.
- **Intervenierbarkeit:** Betroffenen müssen die ihnen zustehenden Rechte auf Benachrichtigung, Auskunft, Berichtigung, Sperrung und Löschung jederzeit wirksam gewährt werden. Die verarbeitende Stelle ist verpflichtet, die entsprechenden Maßnahmen umzusetzen. Dazu müssen die für die Verarbeitungsprozesse verantwortlichen Stellen jederzeit in der Lage sein, in die Datenverarbeitung vom Erheben bis zum Löschen der Daten einzugreifen.
- **Transparenz:** Betroffene, Betreiber und Kontrollinstanzen müssen erkennen können, welche Daten für welchen Zweck bei einer Verarbeitungtätigkeit erhoben und verarbeitet werden, welche Systeme und Prozesse dafür genutzt werden, wohin die Daten zu welchem Zweck fließen und wer die rechtliche Verantwortung für die Daten und Systeme in den verschiedenen Phasen einer Datenverarbeitung besitzt.
- **Nichtverkettung:** Personenbezogene Daten dürfen nicht zusammengeführt, also verkettet werden. Eine Zusammenführung darf nur dann erfolgen, wenn verketteten und die resultierenden Daten nur für den Zweck verarbeitet und ausgewertet werden, für den sie erhoben werden.

Die Informationen (Daten) des Unternehmens werden häufig entsprechend ihrer Art klassifiziert, um über Enterprise Architecture Management oder eine CMDB (siehe Kap. 4) schnell einen Überblick über die Verwendung aus Datenschutzsicht kritischer Informationen zu erhalten. Ein Beispiel für eine Klassifizierung ist die

Unterscheidung in personenbezogene, sensible, pseudonymisierte, anonymisierte und unkritische Daten. Diese Klassifikation kann entsprechend der Verwendung von Informationen in Anwendungen vererbt werden.

Die Anforderungen in Bezug auf die Datenschutzgewährleistungsziele werden durch Festlegung von Schutzbedarfsabstufungen von Daten definiert. Für erhöhten Schutzbedarf wird die Datenschutzfolgenabschätzung letztendlich auch für den Nachweis der Einhaltung der Gewährleistungsziele genutzt. Für jedes Gewährleistungsziel werden im Standard-Datenschutz-Modell (SDM, siehe [7]) Referenzmaßnahmen benannt und beschrieben. Diese sind wesentlicher Bestandteil der Sicherheitsmaßnahmen des integrierten DS & ISMS.

3.3.2 Schutzbedarfsfeststellung

Bei der Schutzbedarfsfeststellung wird ermittelt, welcher Schutz für die Geschäftsprozesse, die dabei verarbeiteten Informationen und die eingesetzte Informationstechnik, wie z. B. Anwendungen und deren technische Plattform und Infrastruktur, ausreichend und angemessen ist. Hierbei werden die zu erwartenden Schäden, die bei der Beeinträchtigung der Schutzziele (u. a. Vertraulichkeit, Integrität und Verfügbarkeit) entstehen können, genannt. Hier ist sowohl das Schadensausmaß als auch die Eintrittswahrscheinlichkeit maßgeblich (siehe Abschn. 3.4). Bei erhöhtem Schutzbedarf muss die Analyse dediziert erfolgen. Auf dieser Basis kann die Auswahl angemessener Sicherheitsmaßnahmen z. B. auf Basis des IT-Grundschutz-Kompendiums erfolgen.

Kernfragen sind hier:

- Wie viel Schutz benötigen die Assets (Werte) des Unternehmens? Welcher Schutzbedarf leitet sich daraus für unterstützende Assets, wie z. B. Anwendungen ab?
- Welche Objekte haben erhöhten Schutzbedarf? Bei welchen genügen Standard-Sicherheitsmaßnahmen? Wo müssen individuelle Sicherheitsmaßnahmen für einen erhöhten Schutzbedarf ergänzt werden?
- Wie kann die Einschätzung des Schutzbedarfs nachvollziehbar begründet werden?
- Was sind die Kronjuwelen des Unternehmens?

Der Schutzbedarf eines Objekts orientiert sich an dem Schadensausmaß, das bei Beeinträchtigung seiner Funktionsweise entstehen kann. Er wird anhand der

Schutzziele ermittelt. Er orientiert sich an den Schadensauswirkungen bei Beeinträchtigung der Funktionsweise. Die Schadensauswirkung kann häufig nicht genau bestimmt werden, daher werden häufig Schutzbedarfskategorien definiert. Die IT-Grundschutz-Vorgehensweise (siehe Abschn. 2.3) empfiehlt die Schutzbedarfskategorien „normal", „hoch" und „sehr hoch". Von erhöhtem Schutzbedarf spricht man bei den Kategorien „hoch" und „sehr hoch".

Kronjuwelen sind die Assets, die geschäftskritisch für das Unternehmen sind. Sie haben daher einen hohen Schutzbedarf. Beispiele für Kronjuwelen sind Strategiedokumente, Informationen über Firmenaufkäufe, Produktentwicklungen, Produktdesigns oder Rezepturen, Informationen über den Standort gefährdeter Personen, Masterschlüssel für unternehmensweit eingesetzten Kryptoverfahren, geheimer Anlagen oder administrativer Zugriffsdaten. Die Leitungsebene legt fest, welche Assets als Kronjuwelen einzustufen sind. Für die Kronjuwelen müssen adäquate Sicherheitsmaßnahmen, sowohl Standard-Sicherheitsmaßnahmen als auch insbesondere erweiterte individuelle, häufig teure Sicherheitsmaßnahmen, ergriffen werden. Für alle Kronjuwelen muss die Zuständigkeit (Responsibility) und Rechenschaftspflicht (Accountability) definiert sein.

Indikatoren für Kronjuwelen sind:

- Informationen, die wesentlich für die Durchführung der Kernprozesse sind.
- Informationen oder Geschäftsprozesse mit einem deutlich erhöhten Gefährdungspotenzial in Bezug auf die Schutzziele.
- Informationen und Geschäftsprozesse, deren Diebstahl, Zerstörung, Kompromittierung oder Beeinträchtigung einen existenzbedrohenden Schaden für das Unternehmen bedeutet.

Der hohe Schutzbedarf der Kronjuwelen ist z. T. zeitlich begrenzt, da gewisse Informationen über z. B. neue Produkte oder Geschäftsberichte nach deren Veröffentlichung ohnehin bekannt sind. Neben den als Kronjuwelen identifizierten Assets gibt es typischerweise weitere Assets mit hohem oder sehr hohem Schutzbedarf, die auch angemessen zu schützen sind.

Für alle wesentlichen Assets (siehe Abschn. 3.3) sollte möglichst frühzeitig abgeschätzt werden, ob diese ein höheres Sicherheitsniveau als „normal" erfordern. Für die Assets mit erhöhtem Schutzbedarf sind erweiterte Sicherheitsmaßnahmen erforderlich. Bei den Assets mit normalem Schutzbedarf lässt sich dieser über die Standard-Absicherung des IT-Grundschutz (siehe Abschn. 2.3) nach dem Stand der Technik hinreichend erreichen.

Beispiel Schutzbedarf mit Angabe von Schadensbereichen

- **normal:** Der Ausfall von wesentlichen Geschäftsprozessen oder die Offenlegung von Informationen hat Beeinträchtigungen zur Folge. Informationen sollten korrekt sein. Jedoch können kleinere Fehler toleriert werden, solange diese die Aufgabenerfüllung und Termineinhaltung nicht erheblich beeinträchtigen. Der Schutz personenbezogener Daten muss gewährleistet sein. Die Schadensauswirkungen sind begrenzt und überschaubar (z. B. unter 0,3 Mio. EUR). Die Standard-Sicherheitsmaßnahmen aus dem IT-Grundschutz-Kompendium reichen in der Regel aus.

- **hoch:** Im Schadenfall tritt Handlungsunfähigkeit zentraler Bereiche oder des Unternehmens ein. Die Schadensauswirkungen sind für die Institution selbst oder Dritte erheblich (z. B. über 0,3 Mio. bis 1 Mio. EUR). Die Standard-Sicherheitsmaßnahmen aus dem IT-Grundschutz-Kompendium reichen alleine in der Regel nicht aus. Erweiterte Sicherheitsmaßnahmen sollten individuell auf Basis einer Risikoanalyse ermittelt werden.

- **sehr hoch:** Der Ausfall von wesentlichen Geschäftsprozessen oder die Offenlegung bzw. Manipulation von kritischen Informationen führt zum Zusammenbruch des Unternehmens oder hat schwerwiegende Folgen für breite gesellschaftliche oder wirtschaftliche Bereiche. Die Schadensauswirkungen können ein existenziell bedrohliches, katastrophales Ausmaß erreichen (z. B. über 1 Mio. EUR oder nicht akzeptable Ausfallzeiten). Die Standard-Sicherheitsmaßnahmen aus dem IT-Grundschutz-Kompendium reichen alleine nicht aus. Erweiterte Sicherheitsmaßnahmen sollten individuell auf Basis einer Risikoanalyse ermittelt werden.

Hinweis: Formulierungen und Schadensbereiche sind auf die individuellen Gegebenheiten hin anzupassen.

Bei der Schutzbedarfsfeststellung werden in der Regel vom ISB die fachlichen Verantwortlichen der Assets und insbesondere Kronjuwelen, in der Regel Geschäftsprozesse, Daten und IT-Systeme, befragt, welcher Schaden bei Verletzung der Schutzziele entstehen kann. Die Schutzziele werden hierbei einzeln betrachtet und bewertet und dann der Schutzbedarf für das Asset als Ganzes festgelegt. Häufig erfolgt dies zweistufig. Zuerst wird bewertet, ob überhaupt ein erhöhter Schutzbedarf vorliegt oder nicht. Lediglich für die Schutzobjekte mit erhöhtem Schutzbedarf wird eine detaillierte Risikoanalyse durchgeführt. Die detaillierte Risikoanalyse erfolgt in der Regel im Nachgang auf der Basis der relevanten Gefährdungsszenarien (siehe Abschn. 3.4). Für die finale Festlegung des Schutzbedarfes ist der rechenschaftspflichtige Ansprechpartner (Accountable) verantwortlich.

▶ Bei der Schutzbedarfsfeststellung sollten Sie unbedingt die Verantwortlichen und Key-Nutzer der betrachteten Geschäftsprozesse und Systeme mit einbeziehen. Es ist möglich, dass der Schutzbedarf von den Key-Usern unterschiedlich eingeschätzt wird. Falls kein Konsens erzielt werden kann, muss das Management entscheiden.

Der Schutzbedarf von Assets kann in Bezug auf die Schutzziele unterschiedlich hoch sein. In Abhängigkeit vom Schutzbedarf sind gegebenenfalls unterschiedliche Sicherheitsmaßnahmen angemessen. Ein Beispiel ist die öffentliche Webseite eines Unternehmens. Dieser ist bezüglich des Schutzziels Vertraulichkeit „Öffentlich"; also nicht kritisch. Bezüglich des Schutzziels Verfügbarkeit sieht dies aber anders aus. Die Webseite muss hoch verfügbar sein, dass keine Image-Schäden für das Unternehmen entstehen.

Für die Analyse der Schadensauswirkungen sollten realistische Gefährdungsszenarien entwickelt und bewertet werden. Dabei kann es helfen, „Was wäre wenn?"-Fragen zu jedem Gefährdungsszenario zu formulieren. Ein Beispiel ist hier: „Was wäre wenn das neue Geschäftsmodell dem Wettbewerb vor der Markteinführung bekannt wird?". Wichtig sind hier vor allen Dingen Fragen wie:

• Gegen welche Gesetze, Vorschriften oder Verträge wird verstoßen? Welche Konsequenzen oder Sanktionen können damit verbunden sein?
• Werden personenbezogene Daten verarbeitet? Wird das informationelles Selbstbestimmungsrecht beeinträchtigt? Wenn ja, mit welchen Folgen?
• Ist die persönliche Unversehrtheit beeinträchtigt? In welchem Umfang? Mit welchen Folgen?
• Wird der kontinuierliche Geschäftsbetrieb beeinträchtigt? Wie stark? Wodurch? Gibt es Workarounds?
• Wird der Ruf oder das Image des Unternehmens beschädigt oder drohen andere negative Außenwirkungen? In welchem Umfang?
• Gibt es bekannte finanzielle Auswirkungen? Welche und in welcher Höhe?

Anhand der Antworten der Interview-Partner auf die Fragen kann eine erste Einschätzung der Eintrittswahrscheinlichkeit und der Schadenhöhe (Schwere) ermittelt werden. Diese sollte direkt mit dem Interviewpartner erhärtet und vom fachlichen Verantwortlichen (Accountable) verifiziert werden.

Bei normalem Schutzbedarf wird davon ausgegangen, dass die Standard-Sicherheitsmaßnahmen aus dem IT-Grundschutz in der Regel ausreichend sind, sofern das Zielobjekt mit den existierenden Bausteinen des IT-Grundschutz modelliert werden kann. Bei erhöhtem Schutzbedarf sind dedizierte Gefährdungsszenarien zu erstellen.

Für die Objekte mit erhöhtem Schutzbedarf sind dedizierte Gefährdungsszenarien zu erstellen und bereits im Interview (an) zu diskutieren. Für ein Schutzobjekt können hierbei mehrere Szenarien mit unterschiedlichen Gefährdungen relevant sein. Die Gefährdungsszenarien und die möglichen Gefährdungen sind zu priorisieren.

▷ **Beispiel Gefährdungsszenario** Wenn Auftragsdaten in dem zentralen Auftragsabwicklungssystem des Unternehmens zerstört oder manipuliert und nicht wiederhergestellt werden können, können:

- Verpflichtungen gegenüber den Kunden nicht eingehalten werden (Vertragsverletzung),
- die Kundenaufträge nicht gefertigt und ausgeliefert werden (Beeinträchtigung der Aufgabenerfüllung),
- beträchtliche Einnahmeausfälle unmittelbar und mittelfristig wegen Kundenverlust erwartet werden (finanzielle Auswirkungen) und
- Image-Verluste zu langfristigen Schäden (negative Außenwirkung) führen.

Weitere Informationen zur Risikoanalyse finden Sie in Abschn. 3.4.

▷ **Schutz ist kein Selbstzweck,** sondern es ist so viel Schutz notwendig, um einen kontinuierlichen Geschäftsbetrieb, Reputationserhalt, Kundenbindung und allgemein die Unternehmensziele zu erreichen. Jedoch ist eine hundertprozentige Sicherheit auch mit noch so hohem Aufwand nicht zu erreichen. Ein hinreichender Informationsschutz ist hierbei, ebenso wie eine Standard-Absicherung (siehe Abschn. 2.3) der IT aber schon mit verhältnismäßig geringen Mitteln zu erreichen. In Abb. 1.1 finden Sie in einer Prinzip-Darstellung die Abwägung zwischen Kosten und Sicherheitsbedürfnis sowie eine grobe Zuordnung zu Fehlerklassen nach dem CRISAM®-Modell (siehe [14]). Die Abwägung zwischen Sicherheitsstatus und Maßnahmenkosten muss aber jedes Unternehmen für sich treffen.

Basis für die Schutzbedarfsfeststellung ist das Inventar der Werte, der Assets, einer Organisation im Geltungsbereich des DS & ISMS. Alle relevanten Assets einer Organisation müssen inventarisiert werden. Wesentliche Aspekte sind hier neben dem Namen, die Lage bzw. der Standort, der festgelegte Wert sowie der Asset-Owner. Der Asset-Owner ist der primäre Ansprechpartner für alle Sicherheitsaspekte der zugeordneten Assets. Gleichartige Assets sollten als Eintrag in der Inventarliste zusammengefasst werden, um den Aufwand für das Asset-Management zu beschränken. Beispiele hierfür sind Geschäftsprozesse, Daten und IT-Systeme.

Ausgangspunkt für die Inventarisierung bilden vorhandene Listen, wie z. B. Listen der Anlagenbuchhaltung, der Einkaufsabteilung oder aber eine Unternehmensarchitektur-Datenbasis beziehungsweise eine Configuration Management Datenbank (CMDB) für IT-Assets und die Verknüpfungen mit dem Business. Parallel zur Inventarisierung müssen Pflegeprozesse festgelegt und in der Organisation verankert werden, dass die Inventarliste nicht veraltet. Aufgenommene Assets sind Voraussetzung für die Schutzbedarfsfeststellung. Ein etabliertes Enterprise Architecture Management und eine CMDB liefern häufig die wesentlichen Assets (siehe Kap. 4).

3.4 Risikomanagement

Gemäß ISO/IEC 27001 enthält ein Managementsystem zur Gewährleistung von Informationssicherheit Verfahren zur Identifikation, Bewertung und Behandlung von Risiken. In ISO/IEC 27005 findet man hierzu Hilfsmittel. Auch im IT-Grundschutz ist das Risikomanagement ein zentrales Element. Siehe hierzu BSI-Standard 200–3 „Risikoanalyse auf der Basis vom IT-Grundschutz" (siehe [12]).

▶ **Wichtig** Risikomanagement umfasst die Identifikation, Analyse, Bewertung, Behandlung sowie Überwachung, Steuerung und Kontrolle von Risiken. Es ist wichtig, eine systematische und unternehmensweit einheitliche Risikomanagement-Methode festzulegen. Folgende Ziele werden dabei verfolgt:

- Frühzeitiges Erkennen und Beheben von Risiken
- Einheitliches Bewerten identifizierter Risiken und transparente Darstellung des Risikoportfolios
- Eindeutige Zuweisung von Verantwortlichkeiten beim Umgang mit Risiken
- Standardisierte und transparente Dokumentation von Risiken
- Effiziente Behandlung von Risiken
- Transparenz über den Risikobehandlungsplan

Risikomanagement ist ein systematischer Prozess (siehe Abb. 3.6) innerhalb eines Managementsystems zur Identifizierung, Analyse, Bewertung, Behandlung sowie Überwachung und Überprüfung von Risiken. Im Risikomanagement sind viele Stakeholder involviert, da Risiken an einer Stelle auftreten, von einer anderen Stelle identifiziert und von weiteren Stellen behandelt, überwacht und überprüft werden können. Wie in Abb. 3.6 dargestellt, ist die Kommunikation und Beratung im Umgang mit Risiken ein entscheidender Erfolgsfaktor für ein wirksames Risikomanagement.

Risikomanagement ist weit verbreitet und findet in vielen Fachgebieten Anwendung, wie z. B. unternehmensübergreifend (Corporate Risikomanagement) und im Projekt. Wenn es bereits ein übergreifendes Risikomanagement gibt, sollten die dort bereits etablierten Methoden für zumindest die Risikobewertung

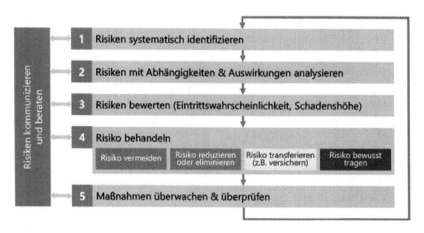

Abb. 3.6 Risikomanagement-Prozess (siehe [6])

genutzt und das DS & ISMS-Risikomanagement mit dem unternehmensüber-
greifenden Risikomanagement verzahnt werden.

Das Risikomanagement in der Informationssicherheit und im Datenschutz
trägt dazu bei, ein akzeptables Sicherheitsniveau im Geltungsbereich zu erreichen
und das bestehende Sicherheits- und Datenschutzniveau nachhaltig zu verbessern.
Es geht darum, eine potenzielle Gefährdung der Vertraulichkeit, Integrität und
Verfügbarkeit (siehe Schutzziele in Abschn. 3.3) zu identifizieren, richtig einzu-
schätzen und richtig damit umzugehen.

Risiken können immer eintreten, wenn Schwachstellen vorhanden sind. Eine
Schwachstelle sind z. B. fehlende, ungeeignete oder fehlerhaft angewendete
Sicherheitsmaßnahmen. Weitere Keimzellen für Schwachstellen sind:

- Einsatz von IT-Systemen mit diversen sich über die Zeit verändernden
  Schwachstellen; u. a. veraltete nicht aktualisierte oder nicht abgeschaltete
  IT-Systeme
- Einsatz neuartiger Systeme und Technologien
- Datenaustausch innerhalb und außerhalb der Organisation (u. a. Busi-
  ness-Eco-System, mobiler Arbeitsplatz und Heimarbeitsplatz)
- Fernzugriffe in das Unternehmensnetzwerk z. B. von Partnern oder Herstellern
- Sabotage und Wirtschaftskriminalität
- Risikofaktor Mensch (Social Engineering)
- Eintritt in neue Märkte

Gefährdungen sind vielfältig. Die Kenntnis der möglichen Risikofelder ist wichtig, um zu wissen, an welchen Stellen nach Risiken „gesucht" werden muss.
Daher muss jede Organisation entsprechend ihres Geschäftsmodells, ihrer Struktur und Größe sowie individuellen Anforderungen und Rahmenbedingungen
Schwerpunkte im Risikomanagement festlegen. Ein guter Ausgangspunkt sind
hier eine Prozesslandkarte oder eine Business Capability Map (siehe Kap. 4). Die
Identifizierung von relevanten Risiken erfolgt mit den zuständigen (Responsible)
und rechenschaftspflichtigen (Accountable) Stakeholdern entlang der Prozesse
oder/und Informationen des Unternehmens. Als Techniken kommen Interviews,
Szenarioanalysen (Was-wäre-wenn-Analysen), Brainstorming, Delphi-Methode,
Business Impact Analysen (BIA) ergänzt durch die Nutzung von Checklisten zum
Einsatz. Risiken werden häufig auch über Audits oder Reviews ermittelt.

Eine systematische Risikoidentifikation ist sehr mühsam und aufwendig.
Wenn bereits ein Asset-Management erfolgt ist, wie in Abschn. 3.1 beschrieben,
kann dieses mit der Zuordnung der Assets zu den IT-Grundschutz-Bausteinen
und damit auch deren Gefährdungen (Standard-Absicherung) genutzt werden.

Zudem kann der Katalog der Gefährdungen vom BSI (siehe [8]) genutzt werden, um zusätzliche relevante Gefährdungen entsprechend spezifischer Anwendungsfälle oder Einsatzszenarien des Unternehmens abzuleiten und den Assets zuzuordnen. Beispiele für Gefährdungen sind „Software-Schwachstellen oder -Fehler" und „Manipulation von Informationen". Alle Risiken sollten in einem zentralen Risikoregister dokumentiert werden. Für jedes Risiko über den „Risikoappetit" müssen auch die Verantwortlichen (Responsible und Accountable) festgelegt und neben der Risikoeinstufung, Art und Status der Behandlung dokumentiert werden.

▶   Bei der Risikoanalyse und -bewertung wird immer das Spezialisten-Know-how des jeweiligen Fachverantwortlichen benötigt. Dieses kann mittels Interviews, Workshops oder Fragebögen zum Self-Assessment mit 4-Augen-Kontrolle eingeholt werden.

Bei Nutzung des IT-Grundschutz-Kompendiums kann auf einen Großteil der Bedrohungs- und Schwachstellenanalysen verzichtet werden, da das BSI bei der Erstellung der IT-Grundschutz-Bausteine eine implizite Risikobewertung für Bereiche mit normalem Schutzbedarf durchgeführt hat. Lediglich für die Assets mit erhöhtem Schutzbedarf und für die Assets, die nicht mit den existierenden IT-Grundschutz-Bausteinen abgebildet werden können oder in Einsatzszenarien (wie z. B. Umgebung) betrieben werden die im Rahmen des IT-Grundschutzes nicht vorgesehen sind, müssen individuelle Bedrohungs- und Schwachstellenanalysen durchgeführt werden.

Lediglich Risiken, die zu einem nennenswerten Schaden führen und die im vorliegenden Anwendungsfall und Einsatzumfeld realistisch sind, sind für die Informationssicherheit relevant. Hierbei werden ausschließlich die Zielobjekte mit erhöhtem Schutzbedarf berücksichtigt, da bei den Zielobjekten mit normalem Schutzbedarf davon ausgegangen wird, dass diese über die Standard-Sicherheitsmaßnahmen des IT-Grundschutz hinreichend abgesichert sind.

Im Kontext der Informationssicherheit werden hierzu Gefährdungsszenarien und im Kontext des Datenschutzes Gewährleistungsszenarien herangezogen. Für die Informationssicherheit sind als Instrumente der Risikoanalyse daher die Bedrohungs- und Schwachstellenanalyse von Bedeutung. In der Bedrohungsanalyse werden die Bedrohungen, die ein Objekt ausgesetzt wird, ermittelt. In der Schwachstellenanalyse werden die Angriffspunkte, auf derer die Bedrohungen erst wirksam werden können, aufgedeckt. Die Risikoanalyse ist ein aufwendiges Verfahren und bedarf Expertenwissen, viel Sorgfalt und eine gewisse Unabhängigkeit des Ausführenden sowie schnelle Korrekturmaßnahmen, wenn sich Annahmen als falsch erweisen.

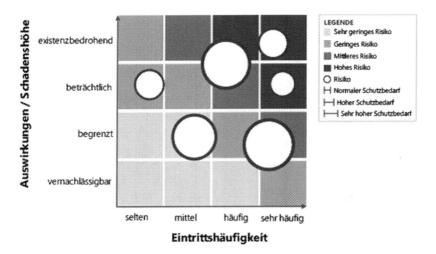

Abb. 3.7 Beispiel Risikoportfolio (siehe [6])

Zur Beurteilung von Gefährdungsszenarien wird das Risiko, dem ein Objekt ausgesetzt ist, in Abhängigkeit von Eintrittswahrscheinlichkeit eines Schadensereignisses und die mögliche Schadenhöhe (Schadenausmaß) abgeschätzt[2]. Da sich die Werte in der Regel nicht berechnen lassen, legt man Stufen fest und betrachtet Risikokategorien (Abb. 3.7). Den Stufen sind Bereiche der Schadenshöhe und Eintrittswahrscheinlichkeit zugeordnet. Siehe hierzu auch Schutzbedarfskategorie in Abschn. 3.3.2. Die Schadenhöhe und auch die Eintrittswahrscheinlichkeit müssen mit den Entscheidungsträgern diskutiert werden. Hier ist eine verständliche Darstellung oder Erläuterung insbesondere der möglichen geschäftlichen Konsequenzen für z. B. die Geschäftsprozesse oder die Geschäftätigkeit, ohne technische Details in den Vordergrund zu stellen, essenziell.

Aus Aufwand-Nutzen-Gründen und weil zumeist ausreichend statistisches Material fehlt, beruhen die Abschätzungen auf Annahmen; insbesondere, wenn es um die Zukunft geht. Für Risiken, die nicht mit einem vertretbaren Aufwand abgeschätzt werden können, müssen Notfallpläne erstellt und eintretende Risiken

---

[2]Eintrittswahrscheinlichkeit und Schadenshöhe sind häufig nicht mit vertretbarem Aufwand berechenbar.

in das Vorfallmanagement (siehe [3]) eingesteuert werden. Die Entscheidung, ob bei einem Risiko völlig auf Maßnahmen verzichtet wird, trifft die Leitungsebene. Die Risikobehandlung erfolgt hierbei nach dem Risikoappetit und in Abhängigkeit von der Art des Risikos und den jeweiligen Rahmenbedingungen. Hierzu müssen Risikoakzeptanzkriterien einhergehend mit dem Sicherheitsniveau festgelegt werden. Risikoakzeptanzkriterien werden häufig in Form von Akzeptanzstufen in Abhängigkeit des qualitativen oder quantitativen Schadensausmaß definiert. Als qualitative Aspekte können hier z. B. Compliance-Verstöße, finanzieller Schaden oder Reputationsschaden betrachtet werden. Zur einfacheren Vergleichbarkeit werden die qualitativen Stufen in quantitative (finanzielle) Beträge umgerechnet (wie z. B. über 1 Mio. EUR).

Als Basis für die systematische Behandlung von Risiken müssen zudem Risikobehandlungsstrategien festgelegt werden. Folgende Risikobehandlungsstrategien (siehe Abb. 3.6) werden hier unterschieden:

- **Risiko vermeiden**
  Risiken können nur vermieden werden, wenn die Ursache des Risikos oder aber die Eintrittswahrscheinlichkeit auf Null reduziert werden kann. Beispiele hierfür sind die Nicht-Ausführung einer Tätigkeit durch geschicktes Umplanen oder Weglassen einer Funktionalität eines Produktes oder einer Leistung eines Service, das große Risiken birgt. Dies schränkt aber ggf. die Geschäftätigkeit und damit die Ertragsmöglichkeiten ein. Sicherlich können einige Risiken vermieden werden. Beispiele hierfür sind klar definierte Projektziele und -inhalte oder aber Qualitätskriterien für Lieferanten, um z. B. unzuverlässige Lieferanten in Zukunft überhaupt nicht mehr zu berücksichtigen.
- **Risiko reduzieren oder eliminieren**
  Risiken reduzieren heißt, die Eintrittswahrscheinlichkeit und/oder die Risikoauswirkungen zu reduzieren. Dies kann ursachen- oder wirkungsbezogen erfolgen. Durch Coaching oder intensivere Tests kann die Eintrittswahrscheinlichkeit erheblich gesenkt werden. Zudem kann der Schaden an für sich begrenzt oder durch Schadenvorsorge vereitelt oder unterteilt werden. Beispiele hierfür sind spezielle Sicherheitssysteme, die im Notfall sofort bestimmte Systemanteile abschalten (Schadenvorsorge) oder Sprinklersysteme in Gebäuden, die den Schaden möglichst begrenzen (Schadenbegrenzung).
- **Risiko transferieren (z. B. versichern)**
  Risiken transferieren bedeutet, das Risiko mit allen möglichen Auswirkungen an Dritte weiterzugeben, die das Risiko z. B. wie eine Versicherung besser managen können. Diese Risikobehandlungsstrategie findet vor allen Dingen bei Risiken mit direkten finanziellen Auswirkungen Anwendung. In der Regel

sind zwar damit Kosten verbunden, wie eine Prämie oder ein Risikozuschlag, diese Kosten werden aber häufig indirekt wieder an den Kunden weitergegeben. Durch die Übertragung in Vertragsklauseln wird die Haftung oder Haftungsbegrenzung oder Garantien begrenzt. Die Weitergabe von Risiken an Lieferanten kann jedoch zum Bumerang werden, wenn der Lieferant das Risiko nicht im Griff hat. Oft ist es besser, die Risiken unter eigener Kontrolle zu haben als an andere zu übertragen.

• **Risiko bewusst tragen**
  Risiken selbst tragen ist eine sinnvolle Strategie bei kleinen Risiken oder bei Risiken, bei den die Maßnahmen z. B. Versicherung oder Sicherheitsmaßnahmen teurer sind als der zu erwartende Schaden. Für den Fall, dass das Risiko eintritt, ist ein Notfallplan (siehe [6]) notwendig.

Im Rahmen der Risikobehandlung von Risiken, die zu reduzieren oder eliminieren sind, werden Sicherheitsmaßnahmen ausgewählt, die unterstützen das Risiko zu verringern, d. h. die Eintrittswahrscheinlichkeit und/oder das Schadensausmaß auf ein vertretbares umsetzbares (Aufwand und Ressourcen) Restrisiko zu senken. Diese häufig zusätzlichen Maßnahmen aus dem Risikobehandlungsplan müssen in das Sicherheitskonzept integriert werden.

▷   Bei Nutzung des IT-Grundschutz-Kompendiums kann auf einen Großteil der Bedrohungs- und Schwachstellenanalysen verzichtet werden, da das BSI bei der Erstellung der IT-Grundschutz-Bausteine eine implizite Risikobewertung für Bereiche mit normalem Schutzbedarf durchgeführt hat. Lediglich für die Assets mit erhöhtem Schutzbedarf und für die Assets, die nicht mit den existierenden IT-Grundschutz-Bausteinen abgebildet werden können oder in Einsatzszenarien (wie z. B. Umgebung) betrieben werden, die im Rahmen des IT-Grundschutzes nicht vorgesehen sind, müssen individuelle Bedrohungs- und Schwachstellenanalysen durchgeführt werden.

Mit dem BSI-Standard 200-3 (siehe [12]) stellt das BSI ein einfach anzuwendendes und bewährtes Vorgehen zur Verfügung, mit dem Unternehmen ihre Informationssicherheitsrisiken angemessen und zielgerichtet steuern können. Das Vorgehen basiert auf den elementaren Gefährdungen und deren Zuordnung zu den IT-Grundschutzbausteinen. Beides ist im IT-Grundschutz-Kompendium (siehe [8]) beschrieben.

Im BSI-Standard 200-3 ist das Vorgehen zweistufig. In einem ersten Schritt wird die Gefährdungsübersicht systematisch abgearbeitet. Es wird für jedes

Objekt und jede Gefährdung eine Bewertung unter der Annahme vorgenommen, dass bereits Sicherheitsmaßnahmen umgesetzt oder geplant worden sind. Im zweiten Schritt werden die Sicherheitsmaßnahmen zur Risikobehandlung betrachtet. Durch einen Vorher- und Nachher-Vergleich lässt sich die Wirksamkeit der Sicherheitsmaßnahmen für die Risikobehandlung prüfen.

Hinweis
Der BSI-Standard 200-3 benennt das Risikomanagement als Risikoanalyse, was bei z. B. der ISO/iEC 27005 lediglich ein Schritt darstellt.

Die ISO 27001 fordert die Dokumentation des Risikomanagement-Prozesses mit Bewertung und Behandlung sowie Aufzeichnungen und Ergebnisse des Risiko-assessments, wie das Risikoportfolio und der Risikobehandlungsplan. Durch die SoA (siehe Abschn. 2.2) werden hierbei die Querbeziehungen zwischen Anforderungen, Risiken und Maßnahmen konsolidiert. Das Risikoportfolio sowie die Aufnahme der Risikomaßnahmen in die SoA dient auch der Übersichtlichkeit, da der Bericht zur Risikoeinschätzung sehr lang werden kann. In einigen Unternehmen umfasst der Risikobericht ein paar Tausend Risiken. Über die SoA mit ihren circa 114 Zeilen (entsprechend der Anzahl der festgelegten Kontrollen) ist es möglich, diese dem Management übersichtlich vorzulegen und kontinuierlich aktuell zu halten. Wichtig ist dabei, darauf zu achten, dass:

• Keine Kontrollen ausgeschlossen sind, die wesentliche Risiken adressieren.
• Alle wesentlichen Risiken durch Maßnahmen so behandelt werden, dass diese unter der festgelegten Risikoakzeptanz liegen. Wenn im Ausnahmefall die Risikoakzeptanzkriterien nicht erfüllt werden, muss eine entsprechende Risikoübernahme der obersten Leitungsebene vorliegen.

Wesentlich ist neben dem Vorgehen insbesondere die Risiko-management-Organisation, da Sicherheitsrisiken in der Regel vom Fachbereich bzgl. deren Auswirkungen bewertet werden müssen. Dies spielt häufig auch mit dem Vorfall- und Notfallmanagement zusammen.

3.5 DS & ISMS-Reporting

Für das DS & ISMS-Reporting gibt es unterschiedliche Abnehmer. Von besonderer Bedeutung ist dabei die Leitungsebene. Damit die Leitungsebene die richtigen Entscheidungen bei der Steuerung und Lenkung des Datenschutz- und

Informationssicherheitsprozesses treffen kann, benötigt diese in prägnanter und aufbereiteter Form Informationen über den Status quo des Datenschutz- und Informationssicherheitsniveaus sowie über aktuelle Entscheidungs- und Handlungsbedarfe. Auf jeden Fall sind folgende Bereiche abzudecken:

- Status und Umsetzungsgrad des Datenschutz- und Sicherheitskonzepts
- Ergebnisse von Audits und Datenschutzkontrollen (siehe auch Datenschutz-Grundverordnung [DSGVO])
- Berichte über Sicherheitsvorfälle
- Berichte über bisherige Erfolge und Probleme sowie Verbesserungsmöglichkeiten beim Datenschutz- und Informationssicherheitsprozess
- Berichte über die Reduzierung bestehender Umsetzungsdefizite und der damit verbundenen Risiken (Risikobehandlungsplan, siehe BSI-Standard 200-3)

Auf dieser Basis kann die Leitungsebene eventuell notwendige Maßnahmen veranlassen.

In Abb. 3.8 finden Sie ein Beispiel eines Informationssicherheitsdashboards. Zur Erfüllung der in der SoA definierten Anforderungen ist im Unternehmen ein Steuerungssystem für die Informationssicherheit mit adäquaten Kennzahlen entsprechend der Erfordernisse und Fragestellungen der abnehmenden Stakeholder,

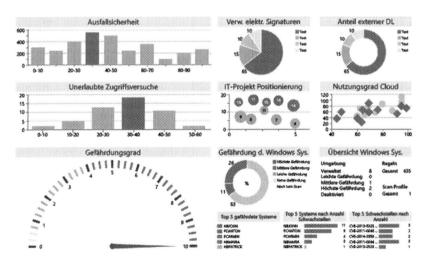

Abb. 3.8 Beispiel Informationssicherheitsdashboard (siehe [6])

vorwiegend Entscheider aufzusetzen. Dies ist ebenso Teil der Datenschutz- und Informationssicherheitskonzeption.

Beispiele für KPIs, um den Status quo aufzuzeigen, sind der Erstellungsgrad und Aktualität der benötigten Dokumentation sowie der Umsetzungsgrad der Sicherheitsmaßnahmen. In [6] finden Sie weitere Informationen zu Best-Practice-KPIs.

3.6 Nachhaltiger Betrieb und kontinuierliche Verbesserung entlang des PDCA-Zyklus

Das integrierte Managementsystem für Datenschutz und Informationssicherheit muss nachhaltig betrieben und kontinuierlich verbessert werden. Dies erfolgt über den PDCA (Plan, Do, Check, Act)-Zyklus. In Abb. 3.9 ist der PDCA-Zyklus mit allen Inhalten, die bislang erläutert wurden, dargestellt.

Die kontinuierliche Verbesserung des DS & ISMS erfolgt einerseits durch die Identifikation von Abweichungen zu den Anforderungen sowie durch daraus abgeleitete Korrekturmaßnahmen. Andererseits können Verbesserungsvorschläge aus der Nachbereitung von Sicherheitsvorfällen, Ergebnissen von Audits,

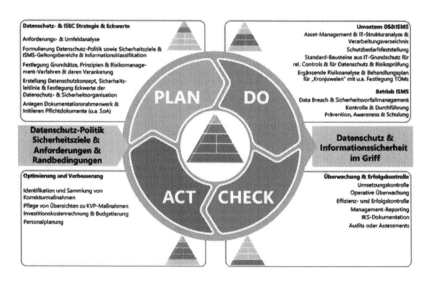

Abb. 3.9 PDCA-Zyklus (siehe [6])

Managementbewertung, betriebliches Vorschlagswesen oder aus den regelmäßig durchzuführenden Risikoanalysen erwachsen. Alle resultierenden Maßnahmen sollten in einem übergreifenden Umsetzungs- bzw. Risikobehandlungsplan aufgenommen werden, der die Basis für das Maßnahmenmanagement bildet.

Für die Operationalisierung vom DS & ISMS sind die aufgeführten Bestandteile sowie ein funktionierendes in die Organisation eingebettetes Vorfalls- und Notfallmanagement, Präventions- sowie begleitende Awareness- und Schulungsmaßnahmen essenziell. Weitere Informationen zum DS & ISMS finden Sie in [6].

EAM & CMDB als Erfolgsfaktor für ein wirksames ISMS

4

Wer hohe Türme bauen will, muss lange beim Fundament verweilen.
Anton Bruckner (österreichischer Komponist und Dom-organist in Linz)

Die Komplexität und der Aufwand für den Aufbau und den kontinuierlichen Betrieb sowie die Weiterentwicklung eines DS & ISMS sind enorm. Transparenz über alle zu schützenden Werte (Assets) und deren Schutzbedarf ist essenziell, um Risiken zu bewerten und die richtigen Prioritäten bei den Sicherheitsmaßnahmen zu treffen.

Das Asset-Management, bzw. die IT-Strukturanalyse für die Standard-Absicherung im IT-Grundschutz, liefert die Assets als Grundlage für die Festlegung des Geltungsbereichs sowie für die Modellierung des Systemverbundes, um die passenden IT-Grundschutz-Bausteine auszuwählen und insbesondere im Sinne der Schutzbedarfsfeststellung. Diese Assets sind nicht nur für den Datenschutz und die Informationssicherheit, sondern auch für andere Aufgaben und insbesondere Managementsysteme, wie Qualitätsmanagement, erforderlich. Ein zentrales Asset-Management, z. B. über Enterprise Architecture Management in Kombination mit einer CMDB (Change Management Datenbank) hilft, Synergien zu heben. Jedoch müssen dann in diesem zentralen Asset-Management auch alle erforderlichen Strukturen in einer hinreichenden Aktualität und Vollständigkeit vorliegen.

Die Ermittlung und kontinuierliche Bestandsaktualisierung der schützenswerten Assets sowie die Schutzbedarfsfeststellung oder Informationsklassifizierung sind ein mühsames Unterfangen ohne den Einsatz von Enterprise Architecture Management (EAM) in Kombination mit einer CMDB. Enterprise Architecture Management ist ein systematischer und ganzheitlicher Ansatz für

© Springer Fachmedien Wiesbaden GmbH, ein Teil von Springer Nature 2020
I. Hanschke, *Informationssicherheit und Datenschutz systematisch und nachhaltig gestalten,* essentials, https://doi.org/10.1007/978-3-658-28699-6_4

das Verstehen, Kommunizieren, Gestalten und Planen der fachlichen und technischen Strukturen im Unternehmen. EAM in Kombination mit einer CMDB schafft einen Single-Point-of-Truth für alle fachlichen und technischen Strukturen, die von ISMS genutzt werden können. In Abb. 4.1 sind alle wesentlichen EAM-Strukturen und in Abb. 4.2 die EAM- bzw. CMDB-Strukturen im Zusammenspiel mit den erforderlichen ISMS-Strukturen dargestellt. Für Details zum Enterprise Architecture Management sei auf [1] verwiesen.

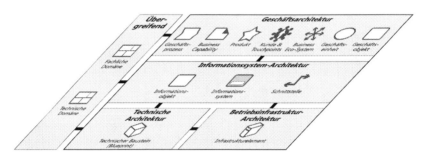

Abb. 4.1 Fachliche und technische Strukturen einer EA-Datenbasis

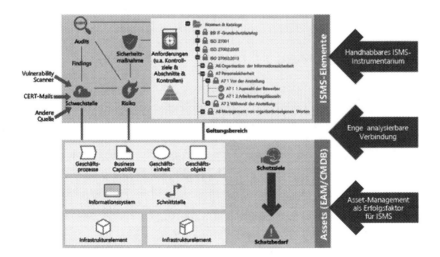

Abb. 4.2 Verzahnung zwischen EAM/CMDB und ISMS (siehe [6])

Wesentliche Assets und Aspekte für Datenschutz und Informationssicherheit sind im Folgenden zusammen mit den möglichen Abbildungen oder Funktionalitäten im Enterprise Architecture Management oder einer CMDB (letzteres kursiv) aufgenommen:

- Grundlage für die Festlegung des Geltungsbereichs und der Schutzbedarfsfeststellung:
  Geschäftsprozesse, Business Capabilities und Geschäftseinheiten
- Modellierung des Systemverbundes als Basis für die Auswahl von IT-Grundschutz-Bausteinen mit IT-, ICS- und IoT-Systemen: *Anwendungen, technische Bausteine und Infrastruktur*
- Netzplanerhebung und Kommunikationsverbindungen zwischen den IT-Systemen und nach außen: *Logische und technische Schnittstellen und Topologie-Information*
- Erfassung der Räume und Gebäude sowie produzierende Räumlichkeiten: *Als Geschäftseinheiten oder ein spezieller CI-Typ*
- Abhängigkeiten und Auswirkungen zwischen den unterschiedlichen Bausteinen: *Abhängigkeits- und Auswirkungsanalysen (siehe Abb. 4.3) in den fachlichen und technischen Strukturen einer EAM-Datenbasis in Kombination mit einer CMDB*

Für alle Strukturen sind zudem Aspekte, wie fachliche und technische Verantwortlichkeiten bis hin zum Strategiebezug entsprechend der Erfordernisse abzubilden. So muss zu jedem Geschäftsprozess und Fachaufgabe (Business Capability) der fachliche Ansprechpartner (Responsible) und Rechenschaftspflichtige (Accountable) hervorgehen.

Neben dem Single-Point-of-Truth liefert EAM in Kombination mit einer CMDB ein Analyse-, Planungs- und Steuerungsinstrumentarium, das für die Erstellung und kontinuierliche Verbesserung des integrierten Datenschutz- und Sicherheitskonzepts von großer Bedeutung ist. Gerade für die Anwendung des IT-Grundschutz-Kompendiums ist es erforderlich, das Zusammenspiel der Geschäftsprozesse, der Anwendungen und der vorliegenden Informationstechnik zu analysieren und zu dokumentieren.

Über die Analyse der EAM-Datenbasis in Kombination mit einer CMDB und anschaulichen Ergebnisvisualisierungen können Abhängigkeiten und Auswirkungen transparent gemacht werden. Hierdurch werden Zusammenhänge und Abhängigkeiten sichtbar und letztendlich häufig erst verstanden.

Über die Analyse der Geschäftsprozesse, Fachaufgaben und Informationen im Zusammenspiel mit den genutzten Informationen und der eingesetzten

Schutzbedarf

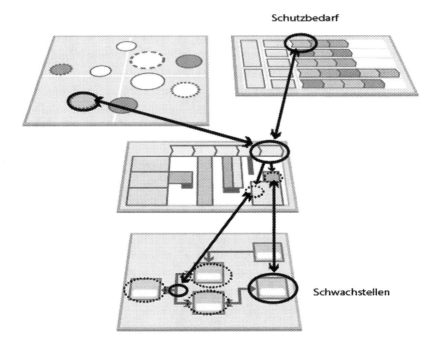

Schwachstellen

Abb. 4.3 Abhängigkeits- und Auswirkungsanalyse in EAM (siehe [1])

Informationstechnik lassen sich Aussagen über die Auswirkungen von Sicherheitsvorfällen auf die Geschäftstätigkeit und die Aufgabenerfüllung ableiten. Beispiele hierfür sind:

- Welche Geschäftsprozesse gibt es in der Institution und wie hängen diese mit den Geschäftszielen zusammen?
- Welche Geschäftsprozesse hängen von welcher Informationstechnik ab?
- Welche Informationen werden in welchen Geschäftsprozessen verwendet und welcher Informationstechnik bearbeitet?
- Welche Informationen sind personenbezogen oder in Bezug auf Vertraulichkeit und Integrität besonders schützenswert?

Auch für die Schutzbedarfsfeststellung kann das EAM-Tool effektiv eingesetzt werden. Der Schutzbedarf wird den zu schützenden Assets, wie z. B. Geschäftsprozesse oder Geschäftsobjekte, zugeordnet. Über transitive Analysen kann so der Schutzbedarf von z. B. Anwendungen (Maximumprinzip) oder aber auch von der technischen Infrastruktur ermittelt werden. Umgekehrt kann die Auswirkung von Schwachstellen leicht ermittelt werden. Über Informationsklassifikation können personenbezogene Daten oder Vertraulichkeitseinstufungen den Geschäftsobjekten zugeordnet werden. Durch transitive Analyse der Datenverwendung können auch hier Rückschlüsse auf die Umsetzung von z. B. Datenschutzanforderungen gezogen werden. Viele EAM-Tools bieten zudem Möglichkeiten, um z. B. aufwandsarm die Schutzbedarfsfeststellung mit einer Survey durchzuführen.

Falls im Unternehmen noch kein Asset-Management aufgebaut worden ist, kann das Projekt zum Aufbau des DS & ISMS dazu genutzt werden. In diesem Fall wird aber empfohlen, dies als unabhängiges Teilprojekt mit idealerweise Unternehmensarchitekten (siehe [1]) aufzusetzen, dass dann z. B. über ein Programm oder das Multiprojektmanagement mit dem DS & ISMS-Aufbauprojekt verzahnt wird.

Beim Neuaufbau eines Asset-Managements sollten Sie im Unternehmen bereits vorhandene Quellen, wie Prozesslandkarten, Geschäftsverteilungspläne, Lösungsarchitekturdokumente, Netzpläne und Inventarisierungstools für die initiale Bestandsaufnahme nutzen. Der Detaillierungsgrad muss dabei den Erfordernissen für das DS & ISMS genügen. Eine Orientierung liefern hier die Bausteine des IT-Grundschutzes.

Ein **systematisches Datenschutz- und Informationssicherheitsmanagement** ist erforderlich, um einen handhabbaren und wirksamen Prozess zur Herstellung von Informationssicherheit und Datenschutz aufzubauen sowie kontinuierlich durchzuführen und zu verbessern. Ein wirksames DS & ISMS muss in die existierenden Governance-Strukturen und die Organisation eingebettet und auf die individuellen Anforderungen hin zugeschnitten werden.

Die enge Integration mit dem Enterprise Architecture Management sowohl von den Strukturen als auch von den Prozessen wird zunehmend zum Erfolgsfaktor für ein wirksames ISMS, da nur so handhabbar u. a. Auswirkungsanalysen und Schutzbedarfsfeststellungen durchgeführt werden können.

Was Sie aus diesem *essential* mitnehmen können

- Sammlung der Anforderungen im Kontext Informationssicherheit und Datenschutz
- Leitfaden für den Aufbau und Betrieb Ihres ISMS
- Best-Practice-Sammlung für den Aufbau und den Betrieb Ihres ISMS

© Springer Fachmedien Wiesbaden GmbH, ein Teil von Springer Nature 2020 83
I. Hanschke, *Informationssicherheit und Datenschutz systematisch und nachhaltig gestalten,* essentials, https://doi.org/10.1007/978-3-658-28699-6

Literatur

1. Inge Hanschke: Enterprise Architecture Management – einfach und effektiv, 2. Auflage, Carl Hanser Verlag, 2016
2. Inge Hanschke: Digitalisierung & Industrie 4.0 – einfach und effektiv, 1. Auflage, Carl Hanser Verlag, 2018
3. Heinrich Kersten, Gerhard Klett, Jürgen Reuter, Klaus-Werner Schröder: IT-Sicherheitsmanagement nach der neuen ISO/IEC 27001: ISMS, Risiken, Kennziffern, Controls. 1. Auflage. Springer Vieweg, 2016
4. Paul Voigt, Axel von dem Bussche: EU-Datenschutz-Grundverordnung (DSGVO): Praktikerhandbuch. 1. Auflage. Springer Verlag, 2018
5. Bitkom: Das Verarbeitungsverzeichnis: Verzeichnis von Verarbeitungtätigkeiten nach Art. 30 EU-Datenschutz-Grundverordnung (DS-GVO). 2017. Siehe https://www.bitkom.org/sites/default/files/file/import/180529-LF-Verarbeitungsverzeichnis-online.pdf
6. Inge Hanschke: Informationssicherheit und Datenschutz – einfach und effektiv. 1. Auflage, Carl-Hanser-Verlag, 2019
7. SDM: Das Standard-Datenschutzmodell: Eine Methode zur Datenschutzberatung und -prüfung auf der Basis einheitlicher Gewährleistungsziele. Von der 95. Konferenz der unabhängigen Datenschutzbehörden des Bundes und der Länder am 24./26. April 2018 in Düsseldorf einstimmig beschlossen. Siehe https://www.datenschutzzentrum.de/uploads/sdm/SDM-Methode_V1.1.pdf
8. BSI: IT-Grundschutz-Kompendium 2019. Edition 2019. https://www.bsi.bund.de/DE/Themen/ITGrundschutz/ITGrundschutzDownloads/itgrundschutzDownloads_node.html
9. BSI: Umsetzungshinweise zum IT-Grundschutz-Kompendium Edition 2019. https://www.bsi.bund.de/DE/Themen/ITGrundschutz/ITGrundschutzDownloads/itgrundschutzDownloads_node.html
10. BSI: BSI-Standard. 200-1: Managementsysteme für Informationssicherheit https://www.bsi.bund.de/DE/Themen/ITGrundschutz/ITGrundschutzStandards/ITGrundschutzStandards_node.html
11. BSI: BSI-Standard. 200-2: IT-Grundschutz-Methodik https://www.bsi.bund.de/DE/Themen/ITGrundschutz/ITGrundschutzStandards/ITGrundschutzStandards_node.html

© Springer Fachmedien Wiesbaden GmbH, ein Teil von Springer Nature 2020
I. Hanschke, *Informationssicherheit und Datenschutz systematisch und nachhaltig gestalten*, essentials, https://doi.org/10.1007/978-3-658-28699-6

12. BSI: BSI-Standard. 200-3: Risikomanagement. Leitfaden Basis-Absicherung https://
    www.bsi.bund.de/DE/Themen/ITGrundschutz/ITGrundschutzStandards/ITGrund-
    schutzStandards_node.html
13. BSI: BSI-Standard. 100-4: Notfallmanagement https://www.bsi.bund.de/DE/Themen/
    ITGrundschutz/ITGrundschutzStandards/ITGrundschutzStandards_node.html
14. CRISAM®-Modell in: Vicky Henderson, Ronnie Sircar: Paris-Princeton Lectures on
    Mathematical Finance 2013. Ban 2081. Juli 2013
15. Michael Brenner, Nils Felde, Wolfgang Hommel, Stefan Metzger, Helmut Reiser
    u. a.: Praxisbuch ISO/IEC 27001: Management der Informationssicherheit und Vor-
    bereitung auf die Zertifizierung. Zur Norm ISO/IEC 27001:2015. 1. Auflage. Carl
    Hanser Verlag, 2017
16. DIN e. V.(Herausgeber),Autoren: Wolfgang Böhmer, Knut Haufe, Sebastian Klipper,
    Thomas Lohre und weitere: Managementsysteme für Informationssicherheit (ISMS)
    mit DIN EN ISO/IEC 27001 betreiben und verbessern. 1. Auflage, 2017
17. Dr. Oliver Bungartz: Handbuch Interne Kontrollsysteme (IKS): Steuerung und Über-
    wachung von Unternehmen. 1. Auflage. Erich Schmidt Verlag GmbH & Co., 2017

Printed in the United States
By Bookmasters